Das Buch

Über vierzig ironisch-groteske Geschichten aus dem Fundus des Berliner Lesebühnenstars Uli Hannemann versammelt der vorliegende Band. Kurioses, Abseitiges, Phantastisches – von der legendären »Saarland-Serie« (bekannt aus der »Show Royale« bei Radioeins) über prägende und bisweilen peinliche Kindheitserinnerungen bis hin zu unterschiedlichen Themengebieten wie Wehrdienst, Weihnachten und Wotan. »Wahnwitzige Grüße aus der Hölle, die Leben heißt.« *taz – die tageszeitung*

Der Autor

Uli Hannemann, Jahrgang 1965, lebt und arbeitet seit vielen Jahren in Berlin-Neukölln. Er ist Mitglied der Berliner Lesebühne »LSD – Liebe statt Drogen« sowie der »Reformbühne Heim & Welt« und veröffentlicht regelmäßig Satiren und Glossen in der *taz*. Sein erstes Buch *Neulich in Neukölln* verkaufte sich in Neukölln besser als jeder Harry-Potter-Band.

Uli Hannemann

Wenn der Kuchen schweigt, sprechen die Krümel

Neue Geschichten

Ullstein

Besuchen Sie uns im Internet:
www.ullstein-taschenbuch.de

Originalausgabe im Ullstein Taschenbuch
1. Auflage November 2012
© Ullstein Buchverlage GmbH, Berlin 2012
Umschlaggestaltung: ZERO Werbeagentur, München
Titelabbildung: FinePic®, München
Satz: LVD GmbH, Berlin
Papier: Pamo Super von Arctic Paper
Mochenwangen GmbH
Druck und Bindearbeiten: CPI – Ebner & Spiegel, Ulm
Printed in Germany
ISBN 978-3-548-37469-7

Inhalt

Vorwort

Welch bizarrer Reigen der Überflüssigkeiten: schon wieder ein Buch und schon wieder ein Vorwort.

Ich persönlich halte von Vorworten ja rein gar nichts. Was im Buch drinsteht, zeigt doch schon das Inhaltsverzeichnis oder die sogenannte KL, die »Kurze Lüge« (Verlagsjargon) auf der vierten Umschlagseite. Ohne jenen gnadenlos bescheuerten Vollpfeifen, die sich nicht entblöden, ihre Bücher mit einem Vorwort zu garnieren wie ein Tellergericht mit einem absolut geschmacksfreien Salatblatt, im Geringsten zu nahetreten zu wollen: Vorworte sind ein vorauseilender Offenbarungseid für alles, was danach kommt. Denn dem wird ja anscheinend nicht vertraut, sonst müsste man es weder vorbereiten noch erklären. Wer Vorworte verfasst, analysiert auch bei Witzen umständlich die Pointe, fragt postkoital »Wie war ich?« und streicht beim Internetbanking auf der TAN-Liste die verbrauchten TAN-Nummern ab.

Vorworte sind minderwertiges Geschwafel zur Ankündigung von minderwertigem Kram, dessen Wert sie allein durch ihre Existenz sogar noch weiter mindern. Schließlich stellt bereits der Begriff »Vor-Wort« unmissverständlich klar, dass es sich um gar kein richtiges Wort handelt, sondern nur um die primitive Vorstufe eines Wortes, ähnlich dem Vormenschen als unvollkommene Frühform des Menschen. Wo der Homo sapiens weise das Wort erhebt, grunzt der Vormensch bloß sein Vorwort: »Ugga, ugga! Ich Tarzan, du Leser! Ich klug und lustig – du mir jeden Scheiß glauben! Ugga, ugga!«

Natürlich ist es nicht per se falsch, seine Absichten anzukündigen. Das kann sogar Menschenleben retten, wie die Angewohnheit des Bären, sich vor dem Angriff aufzurichten, die der Klapperschlange, zu rasseln, bevor sie beißt, oder die des Peruanischen Pinselleguans, mit den Krallen der rechten Vorderpfote eine Art »Peace«-Zeichen zu formen, ehe er seine hochgiftige Kacke in die Augen des Reviereindringlings spritzt.

Aber das sind Tiere! Von einem Menschen hingegen, noch dazu einem, der des Lesens und Schreibens mächtig sein will, erwarte ich schon etwas mehr. Und von mir selber natürlich ebenfalls. Warum also sollte ich hier ein Vorwort schreiben? Bin ich etwa auch bescheuert?

Nun, ganz einfach: Der Verlag will es so. »Wir möchten das Buch gerne verkaufen«, verkündet er vollmundig. Man habe nämlich Großes mit mir vor: Der Absatz solle sich wenigstens diesmal nicht auf das eine Exemplar beschränken, das meine Mutter immer kauft, um es ungelesen an meine Freundin zu verschenken, die es in der U-Bahn gegen das Obdachlosenblatt eines Stadtstreichers tauscht, der mit den herausgerissenen Seiten seine offenen Füße umwickelt, die den notdürftigen Verband am Ende aber leider abstoßen.

»Verkaufen, verkaufen«, stöhne ich mit zur Decke verdrehten Augen. Dann blicke ich den Verlag mit milder Verachtung an, wie man sie für einen dummen Jungen übrig hat, der noch lange nicht begreifen wird, worum es im Leben wirklich geht. »Verkaufen ist Humbug. Viel wichtiger ist doch, dass alle Menschen glücklich sind.«

Ein Vorwort erreicht jedoch exakt das Gegenteil, denn es täuscht und belügt die Menschen, vergiftet ihre Seelen, belegt unnötig Hirnkapazitäten und trägt zur Zerstörung der Wälder bei. Umso willkommener ist mir daher die Gelegenheit, die mir der Verlag hier ungewollt bietet. Während er arglos in seinem warmen Verlagshaus sitzt und denkt, ich schriebe hier ein windelweiches Vorwort, verfasse ich in Wahrheit eine gesalzene Kampfschrift dagegen. Doch diese Wahrheit, lieber Leser, kennen zum Glück nur Sie und ich. Der Verlag weiß, wie so oft, von nichts, und wenn wir beide ganz fest zusammenhalten, liebe Leserin, wird er auch niemals davon erfahren. Ich lasse mir doch mein schönes Buch nicht durch ein Vorwort kaputtmachen …

Der Tag danach

Am Morgen nach der Party muss ich zum Bahnhof, zu einer Uhrzeit, zu der ein Diktator bei Strafe verbieten sollte, das Haus zu verlassen. Zumindest ein anständiger Diktator, dem am Wohlergehen seines auf eher augenzwinkernde Weise unterdrückten Volkes gelegen ist. Solche »Dikkies«, wie ich sie hier mal in flapsiger und durchaus zugetaner Vertrautheit nennen möchte, gibt es garantiert – aus den verschiedensten Gründen: Sei es, dass ein Volk einfach noch nicht reif ist für die Demokratie und daher noch ein Weilchen im schützenden Leib des Totalitarismus brüten muss, bis – tataa: Kaiserschnitt! – die Demokratie das Licht der Welt erblickt. Oder sei es, dass man ein Volk mit sanfter Strenge vor sich selber schützen muss, weil es andernfalls irgendeine selbstzerstörerische Riesendummheit begehen würde, zum Beispiel falsch zu wählen, wie ein verliebter Clown dummromantischen Freiheitsidealen nachzuhängen oder eben allzu früh aufzustehen.

Draußen ist es irgendwas zwischen dunkel und hell – so genau vermag ich das nicht zu erkennen, da es mir nicht wirklich gelingt, die Augen weiter als um Haaresbreite zu öffnen. Wie eine Fledermaus stoße ich deshalb unentwegt hochfrequente Schreie aus, um mich auf dem Weg zur U-Bahn anhand der zurückprallenden Schallwellen zu orientieren. In der Bahn taste ich suchend nach anderen Fahrgästen mit Reisegepäck. Sobald ich einen gefunden habe, halte ich mich, ungeachtet diverser Umsteigeaktivitäten, Fluchtversuche sowie bösen Gebrumms, so lange an seinem Ärmel fest, bis ich am Hintergrundlärm erkenne, dass wir den Hauptbahnhof erreicht haben.

Wäre ich nicht so müde, würde mich die Frage, warum ich mit »Arschloch« tituliert werde, obwohl ich mich sogar mit einem zärtlichen Kuss bedanke, sicher beschäftigen. So aber bin ich komplett damit ausgelastet, die allernotwendigsten Überlebensfunktionen wie Atmen, Kaffeekaufen und Bahnsteigsuchen aufrechtzuerhalten. Wobei ich mir keineswegs sicher bin, ob es dafür nicht ohnehin längst zu spät ist, denn so ähnlich muss sich der Tod anfühlen, beziehungsweise schlimmer noch: Wenn sich der Tod auch nur halb so erbärmlich anfühlt wie mein gegenwärtiges Individual-Armageddon aus zerbrochenen Synapsen und Graupelschauern von innen, möchte ich bitte niemals tot sein, nein danke.

Am verblüffendsten finde ich jedoch, dass es mir offenbar noch nicht mal über die lächerlich kurze Zeitspanne von vier Stunden Schlaf hinweg gelungen ist, meine großartige Form und Laune aus der vergangenen Partynacht zu konservieren. Selbst der eben noch so wohltuende Genuss von Speisekerosin und belegten Haschbrötchen scheint sich inzwischen geradezu grotesk ins Gegenteil verkehrt zu haben: Mir geht es heute gar nicht gut.

Da dürfte ich kaum der Einzige sein: Am Nebentisch unterhalten sich drei Mädchen, die dem Anschein nach von einem reichlich ungesunden Vergnügungsaufenthalt in Berlin nach Hause fahren, über das Phänomen des Saufhungers: »Wenn man betrunken

ist, verliert der Körper, glaube ich, die ganze Zeit …
so … Sachen.« Was sie noch nicht wissen: Wenn sie
erst mal in meinem Alter sind, kommen zu den hier
gemeinten Mineralstoffen auch noch jede Menge tat-
sächlicher Sachen hinzu: Taschen, Schlüssel, Porte-
monnaies, Handschuhe, Pullover, Schals, Kameras,
Laptops und Sonnenbrillen.

Eine der Freundinnen verkündet nun, sie würde sich
gerne mal so richtig prügeln. Die andere kontert mit
dem Hinweis auf das kosmetische Problem auf Dauer
entstellender Nasenbrüche, und schließlich einigen
sich alle auf den Kompromissvorschlag, am besten
ein wehrloses Opfer zu suchen. Kurz bekomme ich es
mit der Angst zu tun und pfeife laut vor mich hin, um
von mir abzulenken. Aber alles in allem freue ich mich
doch über das erfrischend emanzipierte Mädchenge-
spräch, das große Hoffnung auf eine bessere Zukunft
in einer besseren Welt macht.

Langsam beginnen sich meine Augen zu öffnen. Aus
der für den Magen unangenehm hektischen Verände-
rung der Landschaft draußen schließe ich, dass ich
mich wie gewollt in einem fahrenden Zug befinde.
Ich hoffe, auch im richtigen. Im ausliegenden Faltblatt »Ihr Reiseplan« findet sich eine ganzseitige Wer-
bung: »Die günstigste Zeit zu reisen: ab 60.« Da hätte
ich wirklich noch deutlich länger im Bett bleiben
können.

Postillon d'Amour

Ein einfältiger Mensch hätte die Mail für Spam gehalten. Absender war eine Sandra, und die Betreffzeile lautete: »Hast du heute was vor?«

Ich stutzte. Eine Sandra kannte ich nicht. Doch genau deshalb schrieb sie mir ja: Eben weil ich sie noch nicht kannte, wollte sie mich kennenlernen. Das Leben kann so einfach sein, wenn man in der Lage ist, logisch zu denken. Wäre das Spam gewesen, hätte sie kaum ihren Namen in den Absender geschrieben. Für solche Dinge besitze ich ein untrügliches Gespür.

Ich öffnete die Mail und las: »Hi Süßer, hier ist Michaela von der Disco. Du hattest mir deine Mailadresse gegeben, und fande dich sehr süss. Hast du heute lust, ins Kino zu gehen? Ich rufe meine eMails leider nicht so oft ab – ich würde dich bitten, das du mir hierüber schreibst. [Und dann kam so ein komischer Link.] Freu mich auf dich. Bis bald. Dein böses Mädchen Michaela.«

Michaela also. Offenbar hatte sie selbst kein Internet und mir vom Rechner ihrer Freundin Sandra aus geschrieben. Ich kannte nicht nur keine Sandra, ich kannte auch keine Michaela, und in Discos ging ich schon lange nicht mehr. Aber dass sie mich süß fand, erschien mir prinzipiell nachvollziehbar. Womöglich meinte sie mit Disco ja eher eine Kneipe oder irgendeinen anderen Ort, an dem ich irgendwann mal war. Zu den Dingen, die mir an Frauen wichtig sind, gehört als Letztes ein perfekter Orientierungssinn. Ohnehin sind es stets genau diese geheimnisvollen Widersprüche, die mich mit aller Macht anziehen. Der Umweg ist die Hauptstraße der Liebe – ich glaube, in diesem Moment war ich bereits ein kleines bisschen verknallt.

Mein böses Mädchen Michaela. Ich stellte mir eine junge Frau vor, die grölend durch die Straßen lief, Hunde trat, Fahrradreifen aufschlitzte und Kindern auf den Kopf spuckte. Dabei sah sie großartig aus: lange braune Wuschelhaare, frech blitzende blaue Augen, ein Röckchen mit so Blumen drauf und schwere Stiefel mit Stahlkappen. Ihre Freundin Sandra war sicher auch sehr nett, aber nicht so phantastisch wie Michaela.

Für Kino war es leider schon zu spät. Sie rief ja auch ihre Mails nicht so oft ab: Es war ihr bestimmt unangenehm, ständig bei Sandra rumzuhängen, wie sehr diese auch beteuerte, dass es ihr absolut nichts ausmache, ja, dass sie, Sandra, es als viel wichtiger erachte, dass sie, Michaela, ihr Glück fände, mit diesem süßen Typen, der ihr sogar seine Mailadresse gegeben habe, in jener Disco, die keine war. Daraufhin umarmten sich die Freundinnen und streichelten einander über den Rücken, so von oben nach unten, denn Sandra saß im Rollstuhl und war auch deswegen froh, wenn Michaela ab und zu bei ihr vorbeischaute, und sei es auch nur wegen des Internetanschlusses. Sandra war nicht so naiv, sich da allzu viel vorzumachen. Fauchend strich ein zahmes Frettchen den Gefährtinnen um Rad und Bein und erbrach etwas Trockenfutter.

Michaela! Der Name einer neuen Frau gewinnt im

16

ersten rauschhaften Frühling der Verliebtheit immer so einen eigenartigen Zauber, dass man ihn sich geradezu zwanghaft wieder und wieder auf der Zunge zergehen lassen muss: Michaela, Michaela, Michaela. Wie gewünscht, klickte ich den Link an – sogar auf die Gefahr hin, mir bereits in diesem frühen Stadium unserer Liebe einen gefährlichen Virus einzufangen. Ja, ich hatte was vor!

Der Link funktionierte nicht. Na gut, dann antwortete ich eben an Sandras Adresse. Der Betreffzeile fügte ich »für Michaela« hinzu und nahm schlicht in Kauf, dass Sandra mitlas. Sollte sie doch. Ihr Leben wies so wenig Abwechslung auf, seit jenem Badeunfall im Sommer am Templiner See.

Ich suchte lange nach den richtigen Worten – jetzt bloß nichts falsch machen! »Liebe Michaela«, begann ich schließlich, »ich kann mich noch sehr gut an den Abend in der Disco erinnern.« Eine kleine Notlüge sollte schon erlaubt sein, wenn es darum ging, zwei Herzen mit dem goldenen Strick der Liebe für immer zu verbinden. Dann schrieb ich von mir. Ich war sehr ehrlich. All meine Ängste und Sehnsüchte packte ich blank auf den Tisch. Ich malte ihr Bilder aus Worten vom gemeinsamen Laubrascheln im Herbst, von neckischen Schneeballschlachten im Winter und davon, wie ich ihr sommers im Schatten der leise rauschenden Bäume am Templiner See die zarte Haut eincreme, während das Frettchen mit den Schnürsenkeln der Springerstiefel spielt. Nackt, wie Gott uns schuf, und mit zwei Flaschen Sternburg in der Hand würden wir gemeinsam über das glitzernde Wasser blicken. »Alles wird schön sein«, schloss ich acht Seiten später. »Unser Häuschen wird auch Platz für eine ebenerdige Einliegerwohnung für Sandra haben. Ich freue mich auch!«

Die Mail bouncte. Auf den ersten Blick merkwürdig, wie schon die Sache mit dem Link. Doch auf den zweiten musste ich mir eingestehen: Was für ein raffiniertes erotisches Lockspiel! Sie wollte es mir nicht gar so leicht machen. Michaela mochte ein böses Mädchen sein, aber sie war weiß Gott keine Schlampe. Hasch mich, wenn du kannst; dieser süße Reigen des Näherkommens und Sich-wieder-Entziehens; Zuckerbrot und Peitsche. Vor meinem geistigen Auge sah ich zwei gaukelnde Schmetterlinge im Lupinenhain, zwei Formel-1-Boliden, die sich in der Schikane neckten, zwei Scharfschützen in den Trümmern von Stalingrad.

Ich hatte meinen Teil getan – nun blieb mir nichts weiter übrig, als zu warten. Sie würde sich wieder melden, später, eines Tages, da war ich mir sicher. Das alles gehörte nun mal zu dem Spiel. Ach, Michaela …

Ben Becker liest aus den Gelben Seiten

Bereits die Ouvertüre ist schlicht genial. In einem karierten Nilpferdkostüm mit imposanter Kaiserkrone stolpert Ben Becker hinter einem Vorhang aus gequirlter Scheiße majestätisch hervor auf die einen Quadratkilometer große Bühne. Das Maifeld erbebt unter den Klängen von Pauken und Trompeten. Zu »Also sprach Zarathustra« lässt sich der rothaarige Mime von den hunderttausend Glücklichen, die eines der fünfhundert Euro billigen Tickets ergattern konnten, unbewegt bejubeln, als sei er Gottes Nachlassverwalter auf Erden. Noch in den Applaus hinein spricht er nur ein einziges heiseres Wort: »Aalräuchereien.«

Das Auditorium ist außer sich. Die schneidende Beiläufigkeit des wie unabsichtlich lieblos Geleierten bringt die Menge zum Kochen. Kann man die fast schon arrogant zu nennende Signifikanz des Unprätentiösen, das dadurch selbstironisch gebrochen quasi überprätentiös erstrahlt, noch toppen?

Für Becker ein Kinderspiel: »Abbrucharbeiten« mault, orgelt und stottert er wie ein tollwütiger Hamster, dem ein betrunkener Säugling das Sprechen beigebracht hat. Die an dieser Stelle erwarteten »Abbeizarbeiten« lässt er elegant links liegen – den gedanklichen Brückenschluss traut und mutet er einem überwiegend intellektuellen Publikum durchaus zu. Solch Mut zur Lücke hätte fürchterlich schiefgehen können, doch das kühne Kalkül wird belohnt: Szenenapplaus und stehende Ovationen. Irgendwo weint jemand vor Begeisterung. Hätte es noch eines finalen Beweises bedurft, wie genial Rothaarige sind, hier liegt er bretterdick auf der Hand. Gewiss, Rothaarige sind auch schwierig und neigen zu unkontrollierten Zornesausbrüchen. Erst zwei Tage vor der heutigen Premiere von »Die Gelben Seiten – eine gelallte Aversion« hat der fuchsfarbene Flegel unter dem Einfluss heroingetränkter Gummibärchen mit einem gestohlenen Reisebus mal wieder eine Handvoll Omas totgefahren, doch diese lässlichen Ausrutscher verzeiht man dem sensiblen Schauspieler gerne. Zu groß sind die Verdienste des nüchtern recht einsilbigen Edelrüpels.

Über zehn Jahre hat er sich auf diesen Auftritt vorbereitet. Auf atemberaubende Art gelingt es ihm, das Branchenverzeichnis komplett neu zu interpretieren, indem er die Originalvorlage so behutsam entkernt, dass der Text an Gehalt und Dramatik entschieden gewinnt. Das Meisterwerk des famosen Feuerkopfes ist der eindeutige Höhepunkt eines Zyklus, der mit einer fulminanten Unterwasserlesung des Korans begann und mit BGB, Kursbuch der Deutschen Bahn AG und der bis zur Unkenntlichkeit eingedampften Version der Gebrauchsanweisung für den Allzweckgemüseraspler »Möhrillo« von Miele fortgesetzt wurde.

Auf einer bombastischen Videoeinwand wechseln sich Einspielungen aus der Schlacht um Flandern mit solchen von Kindergeburtstagen ab. Die Botschaft ist eindeutig: »Seht alle her.« Ebendieser Satz bleibt auch stets rechts oben eingeblendet. »Abendkleiderverleih«, nuschelt, hechelt und fiepst der Wiedergänger von Juhnke, Goebbels und David Hasselhoff in den bleischwarzen Nachthimmel über der ehemaligen Naziarena. Wie ein in Stein gemeißeltes, mächtiges Monument entfaltet das Kompositum aus der Pole-Position des Alphabets seine Wirkung in Zeit und Raum.

Frühes sinnliches Highlight ist jedoch der rührend unbeholfene Tanz der drei nackten Greise zum morbid geraunten Stichwort »Bestattungsinstitute«. Auf eine herrische Handbewegung Beckers hin werfen sich die Alten zu Boden und rühren sich für den Rest der dreiundzwanzig Stunden dauernden Show nicht mehr. In diesem bewegenden Moment wird es still im Publikum – nur vereinzelte Schluchzer sind zu hören.

Doch der mürblaunige Möhrenschopf versteht es meisterlich, auf der Klaviatur der Gefühle zu spielen – eben noch b-Moll und gleich darauf schon wieder Dur: Die Tränen sind noch nicht getrocknet, da schickt Becker zu »Bestecke und Tafelsilber« die Clowns auf die Rampe, exakt siebenhundertsiebenundsiebzig an der Zahl, als Referenz an die letzte Getränkerechnung seines Stiefvaters. Heißa, da schallt Gelächter durch die Achterbahn der Emotionen!

Am Ende kommen, bei aller Erwartbarkeit auf einmal doch überraschend, die »Zylinderstifte«. Nur zwei Einträge gibt es – dazu brennt in der Bühnenmitte einsam eine rote Kerze, die den Verzicht symbolisiert und die Vergänglichkeit. Wäre Genialität essbar, wären wir alle längst geplatzt. Der charismatische Kupferkessel verbeugt sich schweißüberströmt – selbst für ein Lächeln zeigt er sich zu erschöpft. Nicht enden wollender Beifall brandet auf.

Das Saarland: Fünfundfünfzig Jahre Elend

Beginnen wir mit einem kleinen Rückblick: Im Januar 2012 wurde der Euro zehn Jahre alt. Das war weiß Gott kein Grund zum Feiern. »Seit dem Euro habe ich nur noch halb so viel Geld auf dem Konto«, pflegte Großmutter zu sagen. Sie war nicht zu belehren. Doch als fataler erweist sich ein weiteres, weithin unbemerkt begangenes Jubiläum im selben Jahr: 55 Jahre Eingliederung des Saarlands in die Bundesrepublik.

Was weiß ich eigentlich über das einzige Bundesland, dessen Boden ich noch nie betreten habe? Praktisch nichts. Über das Saarland besitze ich so gut wie gar kein Faktenwissen.

Und das ist gut so. Ich pfeife auf Faktenwissen. Das Faktenwissen ist ein Dämon. Eine Schlingpflanze, die alle Phantasie im Keim erstickt. Es verkleistert das Hirn mit klebriger Klugscheiße, die die ernsten Geister der Sachlage mitten in den Thalamus gekackt haben. Faktenwissen schürt Sturheit und Dünkel, es ist die Hauptursache von Krieg, Tod und Verderben.

Viel lieber plappere ich da in charmanter Unbefangenheit nach, was ich eventuell irgendwo mal aufgeschnappt habe. »Der Euro ist ein Teufel.« Großmutter hatte recht. »Flipper ist der Freund aller Kinder.« Kann sein. »Das Saarland ist ein abgelehnter Teil von Frankreich.« Glaube ich auch.

Und gerade das macht es so suspekt: Was, um Himmels willen, erhoffte sich die BRD bloß von einem Landstrich, den noch nicht mal die Franzosen wollten (und die sind, was Stadt-, Land- und Straßenstriche betrifft, nun wirklich hart im Nehmen)? Für heute umgerechnet 2 Euro 47 ging das Saarland also kurz nach dem Krieg zurück an Deutschland – nicht viel, aber die junge BRD brauchte das Geld. Die Franzosen waren gottfroh und die Saarländer ebenfalls, wussten sie doch selbst nur zu gut, dass es um ihre Existenzberechtigung im besten Falle zweifelhaft bestellt war.

Kohle und Eisen soll es im Saarland wohl gegeben haben. Sonst nichts. Jetzt gibt es nicht einmal mehr das. Keiner hat Arbeit in diesem Sachsen-Anhalt des Westens. Der Saarländer lebt allein von Kohlenmonoxid und Hass. Dazu verschlingt er abartig anmutende Spezialitäten wie Froschhaxe mit Sauerkraut, Schneckeneintopf mit Möhren und Vollkornbaguette – deutsch-französische Bastarde allesamt. Den bösen langen Tag hängt er in Saarbrücken herum, der einzigen Ortschaft mit mehr als 1000 Einwohnern, und verjubelt in Spielhallen am Mensch-ärgere-Dich-nicht-Automaten einen saarländischen Hilfsrubel nach dem anderen – den Euro kennt man dort noch nicht. Dabei haben Euro und Saarland über das gemeinsame Jubiläum hinaus durchaus einiges gemeinsam: Es sind zwei trojanische Pferde im Vorhof der Zivilisation, zwei tickende Zeitbomben im Schoße Europas, zwei Hundehaufen im Sohlenprofil des Humanismus.

Quer durchs Saarland fließt, dem Namen nach zu schließen, vermutlich die Saar, ein vollkommen vergiftetes Rinnsal, das die Leichen der Verzweifelten träge Richtung französischer Grenze spült, hinter der sie sich mit den Trümmern havarierter Reaktoren zu einer Melange feuchter Alpträume verbinden. Der saarländische Nationalheld heißt Frère Schacke und stolpert Unverständliches bruddelnd durch die mit unterirdischen Wäscheleinen lose verbundenen Fußgängerzonen von St. Ingbert, St. Norbert und St. Alibert, woselbst er die Härtegrade der Straßenlaternen einzeln mit dem Schädel bestimmt. Zu seinem Glück ist es stets nur butterweicher Saarstahl. Der höchste saarländische Feiertag ist Faulenzius' Abtreibung. Zu diesem Anlass ist es üblich, dem Durchreisenden am Gartenzaun Himbeerbrot mit Gesottenem zu reichen, sobald er aber nach der Gabe greift, ihm diese ins Gesicht zu schlagen, sich dreimal um die eigene Achse zu drehen und dabei »Har, har, har – willkommen an der Saar« zu rufen.

Ich denke, so könnte es sein. Oder auch nicht. Egal. Wehret dem Faktenwissen!

Links und rechts der Clayallee

»Es ist echt die Hölle hier, Mann«, sagt Dosi, zerknüllt eine Dose Eistee, sein Markenzeichen, und zeigt auf das Einfamilienhaus, vor dem wir stehen.

Wie auch die Nachbarhäuser ist es einheitlich mit frischer Farbe beschmiert. Die Malergerüste sind bereits abgebaut, in den Beeten stehen die Flowers in Reih und Glied, und doch ist vieles nur Fassade, ein goldener Käfig, in dem sich das wohl härteste Getto jenseits von South Central L. A. verbirgt: Nord-Zehlendorf oder »North Z.«, wie Dosi und die Boyz aus seiner Gang in einer Mixtur aus Ehrfurcht, Hass und Faulheit sagen.

Der junge Rapper besingt den Alltag in North Z. – Gewalt, Liebe, den Briefträger und vor allem Drogen: »Viele Leute trinken Sekt, weil sie es sonst nicht mehr aushalten«, merkt Dosi an, »andere rauchen Zigarren. Ein Kumpel von mir knallt sich schon morgens grünen Tee rein – vor dem Abend ist der nicht mehr müde!«

Wir schleichen flüsternd durch ruhige, baumbestandene Straßen. Ohne Zögern hat Dosi der Bitte entsprochen, uns an die Orte seiner Songs zu führen. »Aber leise«, hat er uns schon am Telefon eingeschärft, »sonst wird's gefährlich: Die halten um die Zeit alle ihren Mittagsschlaf!«

Voller Wut beschreibt der sensible Beobachter »die ganze elende Scheiße hier«. So entstehen dann indizierte Texte wie »Erdbeerquark« aus seinem ersten Album »Käuzchensteig«, das sich über Nacht auf Platz 800 der Independent-Charts katapultierte. Auch Aggression ist ein häufiges Motiv: »Manchmal kommst du nichtsahnend um die Ecke und liegst im selben Moment schon blutend am Boden«, warnt er, »die streuen einfach nicht.« Hauptursachen der Gewalt sind Langeweile und fehlende Perspektiven: Kaum jemand hat Arbeit – die meisten sind pensioniert oder leben von ihren Zinsen. Wenn dann das Laub geharkt und der Benz gewaschen ist, entlädt sich oft der geballte Frust: »Erst vor zwei Wochen hat ein Anwalt da hinten mit seinem Jaguar 'ne Katze totgefahren.« Dosi deutet auf ein Kreuz aus Katzenfutterdosen vor einer Jugendstilvilla. »Danach sind hier fast Riots ausgebrochen.« Dazu kommen noch Gebietsstreitigkeiten zwischen rivalisierenden Gangs: »Hinter der Clay fängt West East Dahlem an«, erläutert Dosi, und seine Augen verengen sich zu gefährlich kleinen Schlitzen, »das kontrollieren die ›D.-Fighters‹. Mit denen und den Steglitzern knallt es im Grunde dauernd. Fast jeder hat hier ein Messer in der Küchenschublade. Das ist tierisch hart, was da abgeht: Ich hab schon gute Freunde bluten sehen.«

»Im Kampf?«

»Nein, eigentlich bei jeder Gelegenheit. Es gibt ziemlich viele Bluter hier, North Z. ist ja praktisch eine geschlossene Gesellschaft.«

Dosi schüttelt betrübt den Kopf: »Es ist auch schon vorgekommen, dass Gangs Fanta getrunken haben, bis ihnen schlecht war.« Außerdem gebe es unheimlich viele Ausländer hier, in erster Linie Schweizer, Schweden und Kanadier. »Aber ich hab nichts gegen

Arschfotzen«, beeilt er sich im selben Moment zu sagen, »Respect!«

Wir schweigen kurz. »Bei den Problems baust du natürlich auch 'ne Menge Scheiße«, merkt Dosi schließlich selbstkritisch an.

»Was für Scheiße«, möchten wir wissen.

Er druckst herum. Fast setzt der Shootingstar mit der markanten Clownsnase aus roter Knete seine Street-Credibility aufs Spiel. »Wir machen dann so Sachen wie bei Rot über die Clay gehen – direkt hinter dem Rücken der Cops.« Zeigen sich hier am Ende doch die Rebel-Roots? »Oder wir ziehen Flowers aus den Vorgärten ab.«

»Richtig – da hast du so einen Song drüber gemacht ...«

»Genau.« Er rappt: »*Muttertag, abgefahr'n, kann's kaum erwarten; wir klauen uns Flowers aus Nachbars Garten; suck my dick and lick my ass; Muttertag ist ziemlich krass ...*«

Wir sind vor der Minigolfanlage angekommen. Am Eingang wartet schon Dosis Gang. »What's up, Niggaz«, begrüßt uns Friedemann von Humbrecht-Düvel, ein blasser Junge in Kniebundhosen. High Five, abgebückt und dann kurz abgeklatscht zum langsamen Walzer.

Was er, Dosi, sich von der Zukunft erhoffe, wollen wir zum Abschied wissen. Er wirkt nachdenklich. »Irgendwann raus aus dem Getto«, murmelt er leise, »und endlich mal knutschen.«

Lomi-Lomi

Dem deutschen Gomera begegnen wir schon am ersten Abend. Am oberen Ende des alten Dorfs haben wir ein Häuschen gemietet. Die Doro erklärt uns alles. Neben ihrem Job als Verwalterin gibt sie Malkurse in ihrem »Kreativatelier« – einem umgebauten Ziegenstall. Ein ausgelegtes Faltblatt erläutert: »Das Malen eines Bildes ist ein natürliches Wiederfinden mit uns selbst und unserer kreativen Energie.«

Am nächsten Morgen lernen wir die Nachbarin kennen, die Gesche. Sie hat ein Atelier mit Kunsthandwerk. Zur Begrüßung schenkt sie uns Basilikum und Rosmarin. Auf ihrer Vortreppe steht ein Korb mit Zitronen, da soll man Geld reinlegen, wenn man sich welche nimmt, das läuft alles auf Vertrauensbasis. Die Menschen hier sind sehr locker und ehrlich mit sich und anderen.

Wo sich im Dorf die Treppe verzweigt, weist uns ein Schild auf Deutsch links entlang zum Lomi-Lomi und zum Trommelbaukurs. Das liest sich wie Frommelbaukurs, denn die phantasievolle weiche Schnörkelführung hat im Schöpfer des Schildes ein Gefäß für ihre Botschaft der Liebe gefunden, die die Buchstaben endlich von ihrer fatalen Bedeutungsenge befreit. Jeder, der länger hier weilt, wird irgendwann automatisch selbst zum Gefäß: Wald, Wind und Schlucht, die Natur dieser Insel, die Inselgeister suchen sich uns als spirituelle Medien, gießen in uns menschliche Becher, Pfannen, Töpfe, Kannen, Tassen die göttlich wirkende Kraft. Wir malen das Bild, das Bild malt uns, kreatives Ich und kreatives Du, Müllers Esel malt auch ein Bild mit seinem dicken Puschelschwanz, iah, iah und Hokuspokustralala.

Die Gesche sagt, dass es heute leider lauter wird, weil ihr der Jochen eine neue Tür macht. Der Jochen entpuppt sich als braungebrannter Sechzigjähriger mit grauem Pferdeschwanz. Mit nacktem Oberkörper schleppt er eine grüne Tür durchs Dorf, schleift sie ab und bringt eine blaue Tür zurück. Die Gesche freut sich. Der Jochen bekommt Zitronen, Kunstgegenstände und Tantra-Sex. »Shanti, shanti«, schallt es von nebenan, später ertönen Bongos.

Es ist eine eigene Welt. Die zugewanderten Deutschen kennen sich alle untereinander: Die Doro, der Bernd, die Gesche und der oder die Gudarwar sind schon vor Jahren hierhergekommen und irgendwie hängengeblieben. Sie können nicht nur fließend esoterisch, sondern auch spanisch. Sie sind anders als die Mallorca-Deutschen, denn sie können trommeln und Lomi-Lomi. Ja klar, die schöne Insel und das traumhafte Klima, gerade im Winter, doch das ist es nicht allein, sagen sie. Sie sind Aussteiger.

Die Gesellschaft hier ist eben einfach besser, nicht so spießig wie daheim, also früher daheim, heute daheim ist ja hier. Jeder hat sein Häuschen, denn sie sind Aussteiger mit Grundkapital, Hippies mit Geld, die es ja geben muss, nach einer Logik, die längst auch den Edelpenner und den Friedenssoldaten kennt. Alle wohnen hier im Dorf, und alle machen dasselbe, Malkurse, Biobrote, Trommelbaukurse und Lomi-Lomi, was auch immer das überhaupt sein mag. Ein

Ausdruckstanz oder die Kunst des richtigen Atmens beim Rückwärtseinparken? Vielleicht lerne ich das ja noch, solange ich hier bin, aber wenn nicht, ist es wohl auch nicht so schlimm.

Vorerst genügt es mir, dass ich erlebe, wie die Deutschen einander täglich grüßen, »Guten Morgen, Doro«, »Guten Abend, Jochen«, »Gute Nacht, die oder der Gudarwar«, wie sie kurz und spirituell den Dorftratsch ihres tropischen Schlumpfhausens austauschen, um anschließend wieder an ihren Häuschen zu werkeln, ihre Zitronen zu pflücken, ihre Zöpfchen zu flechten und ihr abgefahrenes Kunsthandwerk zu basteln. Jeden Tag dasselbe Programm, nicht zuletzt wegen der Touristen, die man im Grunde verachtet, weil ihre Seelen schmutzig sind und deutsch, man selber ist immerhin Gomero. Doch von irgendetwas muss auch dieser leben, und so verhökert der Bernd – »Bernd das Brot«, wie wir ihn nennen – jeden Montag seine Bioroggenbrote für fünf Euro das Stück an den Türen der Touristen, während der oder die Gudarwar über Stunden vergeblich versucht, aus einer gequälten Blockflöte einen Simon-&-Garfunkel-Song zu wringen, der schon im Original unerträglich wäre. Kurz: jeden Tag dieselbe Leier, dieselben Leute, dasselbe Larifari als Gegenentwurf zur Spießigkeit der Langweiler in Alemania.

Sogar ihre eigene Zeitung haben die Deutschen, ein aus sexistischen Kalauern zusammengenageltes Pamphlet, das den Leistungsvergleich mit einer Schülerzeitung im Lernbehindertensegment nicht nur nach journalistischen Maßstäben um Längen verlöre. Immerhin kann man dem »Valle-Boten« entnehmen, wie stark bei den Aussteigern Hass und Neid unter der

Oberfläche von Shanti, Vertrauen und natürlichem Wiederfinden schwelen. Das ist kein Wunder, Verhaltensbiologie ist schließlich keine Hexerei: Pfercht man eine Horde Ratten in einen zu engen Käfig, werden sie einander zwangsläufig zerfleischen, da kann das Fell der Ratten noch so bunt gefärbt, die Gitterstäbe noch so kunstvoll gearbeitet und das Wetter im Käfig noch so schön sein. Eingerahmt von Reklame für Whale-Watching, Yoga-Workshops und Ökotouren beschimpfen die Inselbewohner deshalb einander als »Sodomiten«, »Linkspornographen« oder als Träger von verfilzten Dreadlocks. Nichts, was nicht mehr oder weniger auf jeden dieser Glashausgurus zuträfe.

Nach anderthalb Wochen fühlt sich meine Seele geschmeidig genug für eine Runde Lomi-Lomi. Ich will endlich wissen, was das ist. Nur kann ich mich nicht entschließen, ob ich zum Ravinder oder zum oder zur Gudarwar gehen soll. Denn wen ich auch wähle, es spricht sich in Windeseile herum. Und auf keinen Fall möchte ich hier irgendwem das Karma verbeulen. Die Doro grüßt eh schon nicht mehr, nachdem wir uns neulich Abend auf dem Balkon laut über sie, den Jochen, den Bernd, das Brot, die Tür, Lomi-Lomi und überhaupt das ganze Naturaffentheater in dieser Leprakolonie für Kerngesunde lustig gemacht haben. Auch so etwas spricht sich herum, denn der Wind ist ein Gott, der Ohren besitzt und Federn und außerdem töpfern kann.

Eine Nacht im Club

»Lass uns doch einfach mal wieder so richtig feiern gehen«, bellt Busenfreund Billy durchs Telefon. »Wie früher. In einen echten Club. Trinken, Tanzen, Drogen bis zum nächsten Mittag. Da hätte ich Lust drauf.«

»Ach, ich weiß nicht.« Meine Begeisterung hält sich in Grenzen: Die Lautstärke, die jungen Leute, meine Knochen, der Mangel an Sitzgelegenheiten – und die Türsteher würden uns vermutlich eh nicht reinlassen.

»Quatsch. Im *Zwerg Hein* ist das kein Problem. Ich hab gehört, das ist da voll gemischt. Und die Kiddies stecken wir noch dreimal in die Tasche.«

Er schwärmt von alten Zeiten. Die Love-Parade auf dem Ku'damm. Wir beide ohne Hosen, aber dafür mit zwei Ecstasy im Kopf vom Dach des U-Bahnhofs Wittenbergplatz auf einen vorbeifahrenden Techno-Truck runtergehüpft und dort zwanzig Stunden lang getanzt. Am nächsten Nachmittag im Landwehrkanal treibend aufgewacht, ans Ufer getanzt. Später nacheinander im Löwengehege, in einem Gottesdienst, in einer Pit-Stop-Waschanlage, in einer Ausnüchterungszelle und immer nur getanzt, getanzt, getanzt. Drei Tage lang getanzt. »Und dann die Mädels erst: schön wie Blumen, durchgedreht wie Hackfleisch und nackt bis auf die Knochen.« Billy schnalzt mit der Zunge. »Ich krieg uns übrigens locker auf die Gästeliste.«

Er hat ja recht. An die Mädels kann ich mich zwar

nicht exakt erinnern, doch die Gästeliste zieht. Noch am selben Abend stehen wir inmitten einer endlosen Schlange vor dem *Zwerg Hein*. Ich habe mir ein pfiffiges Fransenhemd aus Kunstleder angezogen und dazu Stiefeletten aus Schlangenlederimitat. Der ironische Bruch, der mit meinem ach so hohen Alter kokettiert, kommt bestimmt gut an – das *Zwerg Hein* gilt als intelligent und tolerant. Billy trägt eine Art Bademantel mit Anarcho-A und der Aufschrift »Sex Pistols«. Wir sind dermaßen cool. Wir werden den Laden rocken. Spaß haben, ordentlich abhotten und zum Sonnenaufgang mit zwei flotten Mäuschen an jedem Finger den frisch bezogenen Playground daheim in Downtown Neukölln aufsuchen.

Die Schlange ist in der Tat sehr lang. Am Horizont erkennen wir schemenhaft eine quadratische Muskelschrankwand, die an der Tür die Spreu von der Spreu trennt und alle halbe Stunde mal zwei Leute durchwinkt. Wir lassen uns die gute Laune nicht verderben und plaudern angeregt über Sven Väth.

»Krass«, vernehme ich auf einmal Stimmen in meinem Rücken. »Jetzt kommen die schon zum Sterben her.« Und eine andere mault: »Hier kannste also auch nicht mehr hingehen.«

Wir blicken uns um. Hinter uns ist die Schlange verschwunden. Komisch, am Samstagabend. Wo sind die bloß alle hin? Aber wahrscheinlich hatten sie nur berechtigte Angst, nicht reingelassen zu werden. Das kann uns nicht passieren, wir stehen ja auf der Gästeliste. Billy hat es versprochen.

Auch vor uns kommt Bewegung in die Anstehenden. Zwei Pärchen drehen sich zu uns um und verlassen danach ebenfalls die Schlange. Die Muskelmasse winkt uns mürrisch nach vorne. Ich bin froh. Lange hätte mein Rücken die Steherei nicht mehr mitgemacht. Verfluchte Arthrose.

»Haut ab«, raunt uns der Gorilla zu, als wir vor ihm stehen. »Am Ostkreuz kann ich euch 'ne gute Eckkneipe empfehlen.«

Ich schlucke. Ganz schön unhöflich, der Mann. Doch Billy lässt sich nicht beirren: »Wir sind auf der Gästeliste.«

»Ihr?« Der Berg glotzt ungläubig. »Bei wem denn?«

»Ja, wir«, verkündet Billy stolz, »bei DJ Tatter.«

»Ach so, natürlich, klar!« Das Einlassmöbel linst schon weniger skeptisch aus den fiesen Schweinsäuglein. Es lässt sich unsere Namen geben, überfliegt die Liste, die auf einem Pult neben ihm liegt, und hakt ab: »Könnt rein!«

Auf Höhe der Garderobe pfeife ich anerkennend durch die Zähne: Nicht übel, Billy – DJ Tatter himself! Einer der angesagtesten Aufleger der Stadt und obendrein der älteste – kaum fünf Jahre jünger als wir. Billy kennt ihn, weil sein Sohn auf dasselbe humanistische Gymnasium geht wie Tatters Tochter. Glück gehabt.

Drinnen ist es noch erstaunlich leer. Dabei haben wir extra lange Mittagsschlaf gehalten, um nicht vor zehn hier aufzuschlagen. Wir wollen schließlich durchhalten. Beim Bierholen bemerke ich, dass das Publikum wirklich extrem jung ist. Wie jung genau ist allerdings schwer zu sagen, denn ob zwölf oder fünfundzwanzig kann ich schon lange nicht mehr unterscheiden. »Does your mother know that you're out?«, schwirrt mir einer meiner Lieblingstitel von ABBA durch den Kopf.

In der Ferne steht DJ Tatter auf seiner Kanzel und dirigiert mit einer Art gescratchter Klingeltöne den Kindergeburtstag. Während ich mit den Getränken zu Billy zurückkehre, spiele ich mit dem Gedanken, nach vorn zu gehen und mir »Stairway to Heaven« zu wünschen. »Gab leider kein dunkles Hefe-Bock«, bedaure ich. »Ich hab ihr dann gesagt, sie soll mir geben, was man hier so trinkt.« Kopfschüttelnd verschwindet Billy mit irgendeinem hippen Wurzelsud Richtung Tatter, der ihn jedoch konsequent ignoriert.

»Schalömchen, I am the Pausenaufsicht«, labere ich inzwischen eine der Jugendlichen an. »Was machsten hier so?« Ein cooler Spruch. Das Niveau ist sie von den anderen Minderjährigen garantiert nicht gewohnt. Die grunzen sich ja immer nur gegenseitig an.

»Freiwilligen sozialen Abend in der Geriatrie. Und Sie? Kardio-Fitness?«

Ohne auf die kindische Provokation einzugehen, packe ich aus, was ich auf dem Kasten habe: »Pass mal auf, Mädelchen! 1992! Love-Parade! Ku'damm! Ein Kilo Speed! Fünf Tage auf einem Seil zwischen Bahnhof Zoo und Europacenter getanzt! Obi Wan Kenobi! Hemmungsloser Sex auf dem Altar der Gedächtniskirche!«

Ihr Blick verrät eine Mischung aus Faszination, Abscheu und Mitleid. Ohne ein weiteres Wort lässt sie mich stehen. Ihr merkwürdiges Verhalten kann ich mir im Grunde nur durch Drogen erklären. Am besten, ich besorge Billy und mir ebenfalls was.

Vor dem Klo lungert ein Typ herum. Schlapphut, Sonnenbrille, großer Bauchladen.

»Zwei E's?«, quatsche ich ihn lässig von der Seite an. Mein Auge für Ticker habe ich mir bewahrt.

Der Typ nickt. Er wühlt in seinem Kasten, holt zwei Tabletten hervor und gibt sie mir.

»Wie viel?«

»Nichts.«

»Nichts?«

»Nichts. Für dich umsonst. Respekt vor dem Alter.«

Mit einem gequälten Grinsen schlucke ich den schlechten Scherz herunter und untersuche in einem Winkel das Erworbene: Die Pillen sehen ungewohnt klobig aus, aber ich hatte auch schon lange keine Ecstasy mehr in der Hand. Meine Fingerspitze ertastet eine winzige Stanzung am Rand. Im schummrigen Licht kann ich die Schrift erst erkennen, als ich meine Gleitsichtbrille abnehme: »Ilja Rogoff« entziffere ich – die Rotznase hat mir Knoblauchpillen angedreht!

Billy erzähle ich lieber nichts davon. Zusammen werfen wir die Sterbehilfen ein und drücken uns auf die Tanzfläche. Im Nu entsteht um uns herum ein kreisrunder, sich stetig verbreiternder Freiraum, als wolle man unserer Tanzkunst eine Bühne der Bewunderung verschaffen. Old School setzt sich eben immer durch.

Billy wirbelt und strahlt. Die Pille scheint voll anzuschlagen. Ich wiederum versuche, mich dem zurückweichenden Kreis anzunähern und unaufdringlich eine Frau anzutanzen. Eine süße Mittdreißigerin. Es gibt hier also durchaus noch gleichaltrige Semester, na ja fast, das ist ja nun auch schon wieder zehn Jahre her – ach Kinder, wie die Zeit vergeht.

Wie ein Elf schwebe ich auf sie zu, eine elegante, Move gewordene Inkarnation des Eros, und lächle sie an. Mit der Hand vorm Mund und glucksende Geräusche absondernd verlässt die falsche Gleichaltrige fluchtartig den Ring.

Egal. Was sollte ich mit den Gören auch anfangen, adoptieren etwa? Schließlich sind wir hier, um uns zu amüsieren, und nicht, um einen auf Polanski zu machen. Ich blicke zu Billy hinüber, der, noch immer voll auf Rogoff, beim Tanzen auf dem mittlerweile komplett leeren Dancefloor mit Flaschen jongliert. Aus seinem grauen Pferdeschwanz, der wild die Luft peitscht, lösen sich im flackernden Licht des Stroboskops zahllose Schweißtropfen und fliegen wie in Superzeitlupe in sämtliche Richtungen. Dahinter sehe ich DJ Tatter über seinen Turntables zusammengesunken, den Kopf in den Händen vergraben und den Körper von Weinkrämpfen geschüttelt. Danke für die Gästeliste, aber cool sieht irgendwie anders aus.

Ich beschließe, mich abwechslungshalber mal mit einem jungen Mann zu unterhalten. Am Tresen gelingt es mir, eines dieser bärtigen Kerlchen in eine Ecke zu treiben und dort festzunageln. »Wittenbergplatz«, brülle ich ihm ins Ohr, »1992, Love-Parade, sieben Tage lang gefeiert, wir, ich und Billy, der da dort drüben, zwanzig LSD, nackt auf dem Landwehrkanal gewandelt, der schiere Wahnsinn.«

Der Junge sieht mich nicht einmal an, murmelt irgendwas Unverständliches, von dem ich nur die Wörter »Heizdecken«, »Heim« und »Ausflug« verstehe, und entwindet sich meinem Griff. Dafür rückt überraschenderweise ein Mädchen näher.

»Also, ich finde das ja total interessant!«, spricht sie mich an. Ihre offenen Augen leuchten.

Sie bringt mir ehrliches Interesse entgegen. Ich muss auf einmal lächeln über meine im Laufe des

Abends aufgekeimten Selbstzweifel. Was für eine Paranoia. Ich bin doch ein Leitwolf, ein Silberrücken, ein Mann im besten Alter. Ich bin der König des *Zwerg Hein*. So nah rückt sie an mich heran, dass ich ihr sauteures Parfum riechen kann. Ihre Eltern verwechseln wohl Liebe mit Taschengeld. Gierig sauge ich das Aroma ein und kann mir plötzlich sehr gut vorstellen, sie zu küssen. Scheiß auf das Gesetz. Sie steht eben auf reife Männer, denen das Leben die Spuren von Güte und Weisheit in die Züge geschnitzt hat. Ein kluges Kind, das sicher bereit ist, von mir zu lernen, um noch klüger zu werden.

»Bitte erzähl weiter«, bettelt sie. »Ich bin ständig auf der Suche nach Zeitzeugen für meine Magisterarbeit.«

»Magisterarbeit? Was studierst du denn?«

»Geschichte.«

Aha. Geschichte. Ich bin also ihr Stalingradveteran – ist es das? Schlacht im Teutoburger Wald, Westfälischer Friede, Französische Revolution, Love-Parade auf dem Ku'damm.

Doch ehe mich Enttäuschung übermannt, streichelt sie mir über die Hand. »Du bist irgendwie süß«, schnurrt sie und lehnt sich an mich. »Du erinnerst mich ganz stark an meinen Großvater. Der ist viel zu früh gestorben. Ich habe ihn so geliebt.«

Ich verabschiede mich mit einer Verbeugung und begebe mich zu Billy hinüber, der gerade eine Tanzpause einlegt. Schwer atmend und schweißüberströmt liegt er in einem Sessel. Ich mache mir Sorgen um ihn. Vielleicht sollte ich noch mal aufs Klo für eine neue Runde Knoblauchpillen. Doch dann überlege ich es mir anders.

»Komm, steh auf«, fahre ich ihn an. »Wir müssen ins Bett!«

»Wieso denn?«, mault er. »Es geht doch gerade erst richtig los.«

Das stimmt, was vor allem daran liegen mag, dass wir beide hier versteckt in einer Ecke sitzen. Meine Illusionen sind verflogen. Auf einmal bin ich unheimlich müde. Sicher ist es schon nach Mitternacht. Außerdem ist mir kalt. Eine Heizdecke wäre jetzt gar nicht so schlecht.

Seitfallzieher mit halber Schraube

Vom Zoologischen Garten schiebt sich ein nicht enden wollender Geleitzug bis hin zum Luisenstädtischen Friedhof an der Bergmannstraße. Mehrere Millionen Rentner sind es schließlich, die dem überraschend verstorbenen Eisbären Knut die letzte Ehre erweisen. Sämtliche Kirchenglocken läuten Sturm, als der populäre Petz im Grab von Gustav Stresemann beigesetzt wird, der dafür eigens seine Ruhestätte räumen musste. Mit Tierkörperbeseitigungsanstalt braucht man den Leuten hier nicht zu kommen. Sosehr der Berliner den Menschen hasst, so sehr liebt er das Tier.

Bei der Trauerfeier spielen sich erschütternde Szenen ab. Fast übertönt das laute Schluchzen des Bundespräsidenten den von Herbert Grönemeyer gewinselten Nekrolog »Candle in the Wind«. Eigenhändig zerschmettert Zoodirektor Blaszkiewitz drei neugeborenen Ozelotkätzchen am Sarg des verblichenen Flokatis die Schädel. Knut soll auch im Jenseits nicht allein sein.

Nach einigen Salutsalven aus schwerer Artillerie zieht die Trauergesellschaft zum Roten Rathaus weiter. Sirenen heulen, Autos hupen in Moll, der Berliner Bär hängt auf Nullmast. Wie vor dem Zoo wogt auch hier ein Meer von Blumen, Kerzen, Fischen und herzzerreißenden Dokumenten der Anteilnahme: »Wenn Knut tot ist, will auch ich nicht mehr leben«, ist da zu lesen, »Love will bear us apart again«, oder schlicht: »Warum??« Dutzende Selbstmörder werden leblos aus der weinenden Menge gezogen. In Rom, so heißt es, soll sich vor Kummer gar der Papst entleibt haben – das Gerücht wird lediglich mit einem Achselzucken quittiert.

Auf die vorsichtige Frage, ob das Gejammer angesichts der Ereignisse in Japan oder Libyen nicht ein wenig übertrieben ist, reagieren die Gesprächspartner empfindlich: »Scheiß auf Libyen! Bestimmt hat sich Knut zu sehr über die Nachrichten aufgeregt!« gehört noch zu den ausgewogeneren Kommentaren.

Kommissarmajor Wolfgang Koessling weist diese Theorie jedoch entschieden zurück. Der Leiter einer siebenunddreißigköpfigen Sonderermittlungseinheit der Mordkommission (Soko »Tanzbär«) tippt als Todesursache vielmehr auf eine Überdosis Drogen. Wieder und wieder führt er uns in seinem Büro in der Keithstraße den Film von Knuts letzten Sekunden in Zeitlupe vor. »Gucken Sie mal genau hin: Mit einer Art Seitfallzieher mit halber Schraube plumpst das Vieh ins Becken. Was für eine spektakuläre Aktion – dafür war der normalerweise viel zu unsportlich!«

Im Gespräch mit dem zuständigen Pathologen erhärtet sich Koesslings Verdacht weiter. So ergab die Obduktion neben einer Fettleber und Tatzenpilz in der Tat eine nicht unwesentliche Menge Drogen im Blut: »Von THC über Valium und Morphin bis hin zu Nachtschattenmorellen haben wir praktisch alles gefunden, was auch nur irgendwie ballert oder betäubt. Das war kein Eisbär mehr, das war eine auf vier Pfoten wandelnde Asservatenkammer des Drogendezernats.«

Knut – ein Junkie? Dazu passt nicht nur der letzte äußere Eindruck – graues, zerlumptes Fell, Ringe unter den Augen, schleppender Gang –, sondern auch die Wahrnehmung erfahrener Stammbesucher des Eisbärengeheges. Dem Vernehmen nach muss Knut allen Grund zu einer exzessiven Flucht aus der Realität gehabt haben. So soll er von den erwachsenen Weibchen Belinda (12) und Britney (23) massiv gemobbt worden sein. Ob sie dem Jungbären kurz vor Zooöffnung das Fell versteckten, so dass dieser sich den ganzen Tag über nackt hinter einem Felsen verbergen musste, oder ob sie ihn – ein beliebter Scherz gegenüber Neubären – zum Wärter schickten, um »das Robbenbesteck« zu holen: Die Liste der Schikanen ist schier endlos.

»Die Weiber haben ihn fertiggemacht«, bestätigt Charlotte Lisowski. Aber da macht es sich die Rentnerin mit Jahreskarte doch zu einfach, denn bekanntlich waren Drogen noch nie eine Lösung. Ohnehin sieht artgerechte Haltung anders aus: Experten raten zu Seehunden aus biologischem Anbau anstelle von Rauschgift sowie zu ausreichender Beschäftigung der normalerweise intelligenten Tiere durch aufgestellte Baumstämme, Sudokus oder Beachvolleyball. Sollte nun endlich ein Umdenken stattfinden, hätte Knuts Tod am Ende doch noch einen Sinn gehabt.

Das Saarland: Der Wahnsinn geht weiter

Unlängst widmete ich dem Jahrestag des saarländischen Anschlusses an Westdeutschland einen kurzen Text mit dem Titel »Fünfundfünfzig Jahre Elend«. Neugierig näherte ich mich darin dem Phänomen Saarland, erklärtermaßen unbefangen und gerade deshalb weitgehend neutral. Dachte ich.

Ich hatte richtig gedacht. Zahlreiche saarländische Leser nahmen den Artikel zum Anlass, in der heimischen »Hütt«, wie man dort jegliche Wohnstatt nennt, die Tastatur zu entstauben und ambitionierte Leserbriefe in den PC zu hacken. Aus diesen Briefen erfahre ich nun tatsächlich mehr über den Saarländer. Daneben entnehme ich zwischen den Zeilen ihren Wunsch, mehr über sich selbst und ihr Land zu erfahren.

Dem vermag ich gerne abzuhelfen: Das Saarland ist das Land des leisen Lächelns. Die launigen Kommentare in besagter E-Post unterstreichen dies – von »Gülle« und »Fresse halten« ist da die Rede oder von »Hass-Gelaber« und »Unkultur« bis hin zu »Geschreibsel«. Nicht umsonst werden, einzigartig in Frankreich, an der Fie-Fie-et-Chou-Chou-Universität in Saarschlupp die Fächer Parodie, Selbstironie und Liebesgelaber angeboten. Die Fähigkeit des Saarländers, über sich selbst zu lachen, ist immens. Stundenlang kann er in seiner Hütt die mit dem eigenen Handy aufgenommenen Filme betrachten und sich darüber amüsieren, wie er sich von hinten an einen anderen Franzosen heranschleicht, wie er ihn mit einem brettharten Weißbrot niederschlägt, wie er auf den am Boden Liegenden mit seinen »Puschen«, wie die saarländischen Filzpantoffeln mit zugespitzten Stahlkappen heißen, wieder und wieder eintritt, bis er endlich still ist. Doch nicht nur dieses sogenannte Happy Slapping wurde hier erfunden, sondern ebenso die Schadenfreude, der Heidenspaß und das Totlachen. Der Humor des Saarländers ist berüchtigt.

Ein weiteres Schreiben will mich darüber aufklären, dass das Nationalgericht des Landes keineswegs, wie von mir behauptet, »Froschhaxe mit Sauerkraut« sei, sondern »Dibbelabbes mit Bibbelchesbohnesupp«. Habe ich mir doch längst gedacht. Warum ich es dennoch nicht aufgeschrieben habe, wird jeder einsehen, der diese Buchstabensuppe nun lesen muss. Auch Worte können verletzen, und ein Autor trägt gegenüber seiner Leserschaft nun mal eine gewisse Verantwortung.

Das Saarland ist unvergleichlich libertär. Wie bereits oben angeklungen ist, bewegen sich Syntax, Grammatik und Orthographie in einem babylonischen Schwebezustand zwischen Analphabetismus, Improvisation und Kantonchinesisch – ein Beispiel aus der Hand von Georgemarie Pütz, Saarbrücken: »Und wag dich nicht, mich bei einer Antwort zu duzen, du Pfeife.« Ich wag mich nicht.

Das Schriftbild bleibt allerdings traditionell vage dem Französischen verhaftet. In jeder zweiten Zuschrift ist mein Name falsch geschrieben, auch das Geschlecht stimmt nicht immer (»... ist diese Möchtegernautorin oder Pausen-Journalistin als kleines Kind vom Wickeltisch gefallen?«), doch das sieht man im großzügigen und modernen Saarland schon lange nicht mehr eng: »Ob Mädchen, Junge oder Tier – Hauptsach' is' doch, 's is' von hier …«

Vor allem aber zeugen die Briefe von einem gewaltigen Mut. Wild schmäht und droht es da per Mail, Papier und Flaschenpost, unter bewusster Inkaufnahme des ungeheuren Risikos, der bespuckte Autor werde sich daraufhin auf schlammigen Saumtierpfaden ins kaum tausend Kilometer entfernte Saarland begeben, um, obwohl ihrer Sprache unkundig, die Schmähbrüder zur Rede zu stellen. Die Kühnheit des Saarländers ist geradezu sprichwörtlich. Der Legende nach verließ der saarländische Nationalheld Frère Schacke sogar trotz Nieselregens die Hütt, um sich mitsamt Gesinde dem drei Mann stark anrückenden Luxemburger und dessen halbschüssiger Pfefferpistole zu ergeben. Diesem Geiste verpflichtet, ist der Saarländer jederzeit in der Lage, auch im vermeintlich Kleinen groß zu denken. So schreibt (Frau oder Herr? Egal!) Koni Sridelmak aus Schiffweiler: »Dementsprechend fordere ich Sie auf, sich bei den Saarländern öffentlich zu entschuldigen!« Was mit dieser weiteren Miniatur ja wohl ausreichend geschehen ist.

Der siebte Fall

Sprachkurse an der Volkshochschule gelten gerne als inoffizielle Partnerbörsen: Junge, alleinstehende Frauen pflegen sich dort die intelligentesten Alpha-Männchen zu angeln – Männer, die klug genug sind, mit ihnen sprachbegabte Kinder zu zeugen sowie die Familie zu beschützen und zu unterhalten. Von keinem Spanischkurs hatte ich bisher jemals anderes gehört.

Leider besuchte ich Polnisch A.1.1. Außer mir saßen dort ein ehemaliger Ministrant, ein junger Hippie und fünf Rentner. Dazu eine einzige Frau, Erika, Rentnerin. Ich meinerseits wusste ja, warum ich hier war: Zum einen beabsichtigte ich, das Geheimnis um den legendären siebten Fall zu lösen. Zum anderen wollte ich ein ausdrückliches Fanal gegen diese unaufgeklärte Arroganz der Deutschen setzen, für die die Polen nach all den Jahren konstruktiver Nachbarschaft oft noch immer nichts als armselige und faule Diebe, Nutten und Schwarzhandwerker sind.

Das war typisch für mich. Ich war politisch so korrekt, dass ich zu Hause sogar mein eigenes Holocaust-Mahnmal auf dem vegetarischen Solarfernseher stehen hatte. Aber was, o heilige Mutter von Tschenstochau, wollten bloß die anderen hier? Die Handwerker in der U-Bahn belauschen? Mit den Nutten feilschen? Grammatik?

Das Rätselraten wurde von einer schwarz gefärbten Mittvierzigerin unterbrochen, die lautstark zischelnd und zirpend in den Raum stürmte, sich hyperventilierend auf den Platz am Lehrerpult schraubte und dort wohl geschlagene fünf Minuten ohne Punkt und Komma weiter vor sich hin tschilpte, bis sie endlich einmal Luft holte. Obgleich mich die ganze Performance an einen Spatz erinnerte, dem die Schwanzfedern brannten, während er einen epileptischen Anfall bekam: Das musste Polnisch gewesen sein!

Ich verstand kein Wort, aber deshalb war ich ja auch hier. Wir hatten uns Schildchen gemalt, mit Vor- und Nachnamen darauf. Ich hatte mein Schild erst im dritten Anlauf fertigbekommen, weil wie üblich der Nachname nicht draufgepasst hatte, um dann nach polnischer Sitte eh nur mit »Pan« (»Herr«) und dem Vornamen angeredet zu werden: Pan Uli, Pan Ernst, Pan Peter, Pani Erika …

Die Kursleiterin selbst stellte sich als Pani Dorota vor. Sofort bekamen wir einen kleinen Text und mussten ganze Sätze daraus nachsprechen: »Zdzisław und Bolesław fahren Auto. Am liebsten mögen sie Audi. In einer Stunde sind sie bei Görlitz über die Grenze.« Aber auf Polnisch natürlich. Wir stammelten im Chor – eine logopädische Gruppensitzung frisch aus dem Koma erwachter Schädelverletzter war der reinste Sprachkongress dagegen. Daneben gelang mir das Kunststück, Vokabeln zu vergessen, bevor ich sie überhaupt gehört oder gesehen hatte: »W Szczebrzeszynie chrząszcz brzmi w trzcinie, Pan Uli«, sagte Frau Dorota. Ich reagierte nicht. »Lesen Sie bitte, Herr Uli«, übersetzte die gestrenge Leiterin, und ich las den nächsten Abschnitt: »Danka und Anka wohnen in

Berlin. Sie arbeiten im ›Club Chérie‹ in der Emser Straße ...« – »Dziękuję bardzo«, lobte Frau Dorota, »vielen Dank, und jetzt alle.« Der Chor der Schädelverletzten lallte und spuckte. Nach nur zwei Sätzen waren wir komplett nassgespeichelt und warteten auf die Grammatik.

Bereits zu diesem frühen Zeitpunkt begannen einem der Rentner, Herrn Gerhard, die Zornesadern auf der ohnehin vom Bluthochdruck stark geröteten Stirn zu schwellen. Er maulte. Daraufhin musste er vorlesen. Er gab sich nicht die geringste Mühe, doch durch irgendeinen irrwitzigen Zufall war alles richtig. Er habe, so Frau Dorota, sogar den Akzent, den man nahe der russischen Grenze spricht. »Vor oder nach 1945?«, fragte Herr Gerhard, aber die Dozentin ließ sich nicht provozieren. Jede Unterrichtsstunde wurde von nun an von einem Machtkampf zwischen den beiden begleitet, der von äußerster Härte und einem geradezu beängstigenden gegenseitigen Vernichtungswillen geprägt war. Wir anderen schlossen Wetten auf den Sieger ab und erwarteten die endgültige Entscheidung spätestens zur Grammatik.

Die Grammatik: Es gab sie nicht. Im Grunde konnte man machen, was man wollte, es war immer falsch. Zwar existierte ein Wort »regełmaczki«, doch das bedeutete »böser Geist«, »fauler Zauber«, »geheimes Zeichen«. Fast jedes Verb gebärdete sich als Junker und besaß seine eigene Privatkonjugation. Wenn sich doch einmal zwei Formen ähnelten, dann deshalb, weil die Polen nach der fünftausendsten Abweichung zu faul geworden waren, noch eine weitere entstellende Kombination zu erfinden. Wenn ich bergab fahre, benutze ich ein anderes Verb, als wenn ich bergauf fahre, wenn ich langsam bergab fahre, ein anderes Wort, als wenn ich schnell bergab fahre, und wenn ich mit dem Fahrrad schnell bergab fahre, ein anderes Wort, als wenn ich mit dem Auto schnell bergab fahre. Zu guter Letzt macht es natürlich einen großen Unterschied, ob ich am Dienstag oder am Mittwoch mit dem Auto schnell bergab fahre. Dafür klingen die Wörter für »mittwochs schnell mit dem Auto bergab fahren« und »kräftig in die Fresse hauen« völlig gleich – sie schreiben sich nur ganz verschieden. Vier Nutten: Nutten stehen im Nominativ. Fünf Nutten: Nutten stehen im Genitiv. Logisch. Und mit einem Mal wurde mir klar, was es mit dieser Grammatik auf sich hatte: Sie war geklaut! Zusammengeklaut aus allen möglichen Ländern und Sprachen, sogar bei den Toten hatte man etwas mitgehen lassen, den alten Lateinern. Da Grammatikregeln keine Fahrgestellnummer haben, die man hätte entfernen können, hatten die Polen ihre Spur verwischt, indem sie sämtliche gestohlenen Grammatikfetzen in einen Mixer gaben und bis zur Unkenntlichkeit verhackstückten.

Am sechsten Unterrichtstag brachte Herr Gerhard ein Attest mit. Das sei von seinem Arzt, der ihm geraten habe, lieber Italienisch zu lernen. Ob sie das Attest vielleicht mal lesen wolle? Nein, wollte sie nicht, aber Herr Gerhard durfte gleich übersetzen. Wieder war alles richtig, obwohl er gar nichts gesagt, sondern nur lautstark den Rotz hochgezogen hatte. Er machte den Eindruck einer mit Pressluft gefüllten Tomate, und kurzzeitig hatten wir alle Angst um ihn. Außer Frau Dorota natürlich.

In der nächsten Stunde schien Herr Gerhard den Rat des Mediziners befolgt zu haben: Er war nicht da.

Herr Michael übersetzte gerade einen besonders schwierigen Text über zwei Handwerker, die einem deutschen Geschäftsmann im Keller eine Sauna einbauten, und kam soeben zum letzten Satz, »am Ende der Woche gibt Herr Müller Jan und Tadeusz fünfzig Euro«, als es an der Tür klopfte und Frau Dorota nach draußen gebeten wurde. Als sie zurückkkam, zwitscherte sie vergnügt etwas auf Polnisch, was wie immer keiner verstand. Also übersetzte sie es uns: Der siebte Fall war eingetreten und Herr Gerhard zu Hause tot über seinem Vokabelheft zusammengebrochen. Herzinfarkt. »Dyktando, proszę bardzo«, sagte Frau Dorota, »bitte sehr: Diktat!«

Künstliche Aufregung

Die Tagespresse will es uns als Skandal verkaufen: »Schaffnerin setzt Mädchen im Dunkeln aus«. Die Zwölfjährige, die ursprünglich auf dem Weg zur Rostocker Musikschule war, habe dann »mit dem schweren Cello auf dem Rücken fünf Kilometer durch die Dunkelheit nach Hause marschieren« müssen.

Bei Lichte besehen kann jedoch von »Aussetzen« nicht die Rede sein. Das Kind wurde am normalen Bahnsteig eines regulären Vorortbahnhofs aus dem Zug gewiesen und konnte ganz einfach über asphaltierte und ihm bekannte Straßen nach Hause laufen. Selbst das Cello hatte es behalten dürfen, das zur Not als Brennholz für Helligkeit und Wärme in der ach so dunklen Nacht (was kann überhaupt die Bahnangestellte für den Wechsel der Tageszeiten?) auf dem ach so langen Weg hätte sorgen können.

Fünf Kilometer: Gottchen, ich muss gleich schluchzen, was ist bloß mit der Jugend los? Da lachen ja die Hühner. Allein unser Schulweg war früher dreimal so lang. Damals mussten wir jeden Morgen barfuß durch den Tiefschnee über einen lawinengefährdeten Berghang und abends etwas schneller zurück, wenn die Hatz eines Wolfsrudels unsere Schritte wundersam beflügelte. Der Sommer war noch unangenehmer, wegen der unberechenbaren Erdrutsche und wegen des reißenden Stroms, der im Winter zum Glück zugefroren war.

Und hat es uns etwa geschadet? Ja. Aber es hat uns auf eine gute Art geschadet. Es hat uns hart gemacht und böse, und genau das sind die Eigenschaften, die man in der heutigen Welt unbedingt braucht. Und nicht ein Cello!

Ein Cello, Mann, ich muss gleich kotzen! Playstation, Cello, Internet: Wo bleibt da die Phantasie? Wir haben früher tagelang froh mit einem Stück Holz gespielt, ach was: Wir haben uns erst ein Stück Holz im Wald gesucht und uns dann vorgestellt, das Stück Holz wäre ein Schloss im Himmel, in dem Elfen und Trolle wohnten, die gegeneinander Krieg führten – jahrelang haben wir mit so einem Stück Holz gespielt. Oft haben wir uns sogar das Stück Holz nur vorgestellt, wenn mal keins da war, und es war oft keines da. Es kann auch sein, dass in der Natur vorkommende Drogen dabei eine Rolle gespielt haben, doch in jedem Fall glaube ich, dass wir weitaus glücklicher waren als diese Cello spielenden Nichtsnutze heutzutage: Immerhin hatten wir viel Bewegung an der frischen Luft, und die Dunkelheit des nächtlichen Schulwegs beschirmte uns gnädig vor dem Anblick der zahllosen am Wegesrand aufgeknüpften Tagediebe und Schwarzfahrer.

Da sind wir nämlich genau beim Punkt. Das Mädchen besaß keinen gültigen Fahrschein und hatte obendrein sein Geld vergessen. Tja, vergessen: Was man nicht im Kopf hat, muss man in den Beinen haben; eine uralte Wahrheit, die sich von Moses über Napoleon und Stalingrad bis eben hin nach Rostock zieht.

Also klarer Fall: Das Mädchen muss raus. Es gibt nun mal Regeln in unserer Gesellschaft, an die sich jeder zu halten hat. Zum Glück wehrte die unter heiligen Zugzwang geratene Bahnbedienstete den Versuch mitreisender Kollaborateure ab, ihren Erziehungsauftrag fahrlässig zu torpedieren, indem sie anboten, das Geld auszulegen und so das Verbrechen des Kindes quasi zu verschleiern. Im Grunde hätte man die Halunken allein dafür allesamt vor die Tür setzen müssen – das ist das einzige Versäumnis, das man der Schaffnerin allenfalls vorwerfen kann.

Auch in den Folgetagen wurde von der Hetzpresse noch seitenlang nachgekartet, als gäbe es aus Kabul oder Washington nichts Wichtigeres zu berichten. So habe das Mädchen vor seiner »Aussetzung« einem Behinderten geholfen. Na und? Das ist ja wohl selbstverständlich!

Nicht jedoch für unsere Schmierblätter, die so tun, als könne man das sozialfeindliche Delikt der Jugendlichen gegen diesen blassen Ausdruck menschlichen Restempfindens aufrechnen. Was für ein ekelerregend schmalziges Rührstück hier konstruiert wird! Der gut geschmierten Propagandamaschine fehlte allenfalls noch ein montiertes Zeitungsbild, auf dem die Schülerin einem sterbenden Zwergkaninchen die Pfote hält: Joseph Goebbels meets Rosamunde Pilcher.

Im Nachhinein wurde gar auf widerwärtige Weise polemisiert, nach den Bestimmungen der Bahn dürften Minderjährige nicht des Zuges verwiesen werden. Meine Güte, das hat die Schaffnerin eben nicht gewusst! Daher hat sie logischerweise schlicht nach dem gesunden Menschenverstand gehandelt, der sagt: »Klar. Raus damit. Auf der Stelle.«

Die ganze absurde Posse macht doch schließlich

nur eines deutlich: nämlich dass solche dekadenten Bestimmungen schnellstens geändert werden müssen. Das sollte zurzeit die vordringlichste Aufgabe der Bahn sein – scheiß auf irgendwelche Radachsen!

Hartes Brot

Eine Menge Leute reagieren geradezu allergisch auf Spam und diffamieren die darin unterbreiteten Angebote gern pauschal als »merkwürdig«. Wie unrecht sie damit den Spamversendern tun!

Denn erstens wird niemand dazu gezwungen, die Nachrichten zu lesen. Zweitens wüsste ich nur zu gern, was an einer banalen Dienstleistungsofferte wie einer Schwanzverlängerung bitte schön »merkwürdig« sein soll. Und drittens fürchte ich, dass sich der Erfolg solcher Versendeaktionen ohnehin in engen Grenzen hält.

Ich habe aber Respekt vor der Ausdauer und dem Fleiß dieser Menschen. Wie zermürbend muss es sein, die gleiche Mail eine Milliarde Mal zu verschicken, sich stets aufs Neue Hoffnung zu machen und ständig auf Abruf bereitzustehen, um gewissenhaft, billig und gut Schwänze zu verlängern, bloß damit sich am Ende doch wieder keine Sau meldet. Mir tun die Leute einfach leid – sie machen schließlich auch nur ihren Job.

Am fiesesten finde ich diejenigen Spam-Hasser, die die offensichtliche Notlage der Absender ausnutzen, um sich auf deren Kosten zu amüsieren. Man stelle sich zum Beispiel vor, eine sich unheimlich witzig dünkende Frau antwortet an die Schwanzverlängerungsfirma: »Liebe Firma Recaro-Riesenrohr, mit Interesse habe ich Ihre Geschäftspost gelesen usw.«

Die Frau im Schwanzverlängerungsbüro merkt nicht gleich, dass sich hier jemand einen Scherz erlaubt. Sie liest nämlich zunächst nur die ersten Zeilen und freut sich schon: Seit Jahren überschwemmen sie die ganze Welt mit ihrem Superangebot, und nun scheint sich der Aufwand endlich einmal gelohnt zu haben. Ein Großschwanzauftrag. Noch ehe die Sekretärin die Antwortmail zu Ende gelesen hat, nimmt sie, um nur ja keine Zeit zu verlieren, den Hörer auf und ruft hinten in der Schwanzwerkstatt an, damit der Schwanzmeister schon mal den Kessel der Schwanzverlängerungsmaschine anheizt. Wenn man nach sieben Jahren Dauerspam endlich einen Kunden hat, sollte der nicht auch noch warten müssen.

Erst dann liest sie weiter und kommt an das Ende des Briefes: »War nur ein Witz, haha, ätschibätschi, liebe Grüße, Eure Gisela!« Das ist überhaupt nicht witzig. Die Bürodame schluckt bittere Tränen der Enttäuschung hinunter, bevor sie erneut zum Telefon greift und den Arbeitern mitteilt, dass es mal wieder nichts wird. Ja, falscher Alarm. Dass es ihr wahnsinnig leid tue, aber dass da einmal mehr eine dumme und böse Frau versucht habe, wahnsinnig witzig zu sein.

Der Meister fährt den Kessel wieder runter. Natürlich kostet der gemeine Unfug Zeit, Arbeitskraft und vor allem Geld: Zum einen für das Brennmaterial, und die glühenden Rohschwanzformen kann man ebenfalls wegschmeißen, sobald sie erst erkaltet sind. Die Kinder der Schwanzverlängerungsfacharbeiter werden auch heute wieder hungrig und ungebildet zu Bett gehen. Die Väter fallen der Trunksucht anheim, die Mütter verschachern ihre ausgemergelten Körper für ein paar müde Euro an der Ausfallstraße. Aber Gisela findet das lustig.

Oft ist die Schwanzverlängerungsfabrik auch ein sympathischer kleiner Familienbetrieb, wo jeder kräftig mit anpackt beim Schwanzverlängern. Alle arbeiten sich schier zu Tode. Der Vater verlängert Schwänze im Akkord. Die Mutter sitzt im Büro und verschickt Tag und Nacht Spam-Mail um Spam-Mail per Hand über ein antikes 18er Modem. Dennoch versucht man, den technischen Anschluss nicht zu verpassen. So wird unter großen Entbehrungen die Tochter an die Uni geschickt, wo sie für die Zukunft der Firma mit Schwänzen verschiedenster Form und Größe experimentiert. Im Lager sortieren die Söhne nach DIN-A-Schwanz genormte Stangen und Rohrstücke in die Regale. Die Enkel wiederum verteilen Schwanzverlängerungsaktionszettel im Kindergarten.

Ich versteh ja nicht viel von industrieller Schwanzverlängerung, da ich das selbst noch immer mit der Hand mache. Doch jedes Mal, wenn ich eine dieser Mails lösche, bin ich in Gedanken bei den Schwanzverlängerern und ihrem unheimlich harten Gewerbe.

Licht am Ende des Tunnels

»Gebranntes Kind scheut das Feuer«, pflegt man zu sagen, um auf die Lernfähigkeit der von uns allen überaus geliebten kleinen Wutzelchen hinzuweisen. Aber ich bin ja kein Kind mehr. Das wird, neben dem attraktiven Programm mit vielen Originalversionen, wohl der Grund dafür sein, dass ich mir zwar jedes Mal von neuem schwöre, nie wieder hinzugehen, dass ich dann aber am Ende doch wieder drinsitze: im Kino in den Hackeschen Höfen.

Sofern man da überhaupt von Sitzen sprechen kann. Es ist eher ein »leitzen« – eine Mischform aus »sitzen« und »leiden«, denn die Martersessel haben die Besitzer bei der Verkleinerung von Guantanamo billig erstanden. Nicht alle Häftlinge hatten das relative Glück, Tag und Nacht im grellen Neonlicht stehen zu dürfen, doch seit Obama Präsident ist, ist das unmenschliche »Chairboarding« hoffentlich Geschichte. So gibt es heute nur noch zwei Orte auf der ganzen Welt, an denen die Folterstühle stehen: das »Zentralgefängnis der Geheimpolizei für die verbrecherischen Feinde unseres geliebten Führers Kim Jong Il« in Pjöngjang (seit dem Tode Kims denkt man übrigens auch hier darüber nach, die unmenschlichen Stühle abzuschaffen) und die Kinosäle 1 bis 5 in den Hackeschen Höfen.

Bereits während der Reklame winden wir uns stöhnend auf den durchgesessenen Sprungfederhaufen.

Das Gejaul fällt sowieso nicht auf, denn um uns herum geht es zu wie freitagmittags in der Kantine eines Heims für Schwererziehbare, die mit stumpfen Fischmessern aufeinander losgehen. Dabei ist es in diesem Moment sogar noch vergleichsweise ruhig. Richtig schlimm wird es immer erst, wenn der Film anfängt.

Denn dann kommen *sie*. Pünktlich nach – ich betone *nach* – Beginn des Films steigen draußen auf der Rosenthaler Straße fünfzig Mitte-Typen mit ADHS-Syndrom und doofen Hütchen auf dem Kopf vermutlich gemeinsam aus einem Reisebus, strömen lärmend ins Foyer, decken sich dort mit Bier, Bionade und explosiv knisterndem Knabberkram ein und marschieren in einer Art Polonaise hintereinander quatschend in den Kinosaal.

Und zwar *JEDES* Mal. Es muss da eine Vereinbarung mit den Betreibern geben: Leute mit ADHS zahlen die Hälfte, und wenn sie obendrein zu spät kommen, nur ein Viertel des regulären Eintrittspreises.

Aber nicht, dass sie sich nun gleich hinsetzen würden. Nein, diese gemeinen Irren bleiben noch eine halbe Ewigkeit mitten in der Sitzreihe stehen, um ihre Peergroup herbeizuschreien und den Standortfindungsprozess künstlich zu verlängern. Immer wenn man denkt: »Jetzt fehlt eigentlich nur noch, dass sie mit ihren Händen Schattenrisse von Wolfsköpfen oder Pinguinen auf die Leinwand werfen«, passiert genau das. Und sitzen sie dann endlich, labern sie vollkommen ungedämpft weiter. Stille halten sie so wenig aus wie die Vorstellung, auch nur einen Moment lang nicht im Fokus der allgemeinen Aufmerksamkeit zu stehen. Dass sie von allen vernünftigen

Menschen dafür gehasst werden, ist ihnen egal. Wahrscheinlich brauchen sie gerade das sogar.

Ihre Hütchen lassen sie selbstverständlich den ganzen Film über auf. Das verkleinert den sichtbaren Ausschnitt der Leinwand noch weiter auf einen kläglichen Bruchteil, denn zu allem Überfluss sind die Säle hier endlos langgezogene, enge Schläuche, an deren Ende man eine winzige Leinwand Marke »Tragbarer Fernseher« mehr erahnt als sieht. Überdies ist das Kino im Allgemeinen gut gefüllt. Kein Wunder, scheint es doch das einzige in Berlin mit Arschlochermäßigung zu sein.

Der Typ vor mir hat ausnahmsweise mal kein Hütchen auf. Dafür ist er an die drei Meter groß und hat sich eigens zu diesem Anlass eine atompilzartige Frisur geföhnt. Damit rutscht er 133 Minuten lang unentwegt hin und her. Ein typischer Anfängerfehler: Auf Dauer tut es nämlich am wenigsten weh, wenn man möglichst regungslos verharrt. Aber natürlich gönne ich dem Fakirnovizen seinen Schmerz. Um uns herum werden geräuschvoll umfangreiche Mahlzeiten aus süßem Klebstoff, essbarem Plastik und bunten Geschmacksverstärkern eingenommen. Ab und zu lacht jemand an der falschen Stelle.

Nein, ich weiß wirklich nicht, warum ich mir das immer wieder antue. Das kann man beim besten Willen keinem normalen Menschen erklären: Wie sich einer freiwillig in einer überhitzten stickigen Röhre inmitten einer Rotte bösartiger, zappelnder und wie am Spieß schreiender Junkfresser auf ein Folterinstrument setzen kann. Nur ganz weit hinten am Ende des Tunnels schimmert ein wenig Licht.

Die Idioten des März:
Neujahr im Saarland

Es gilt nun, zum dritten Mal an die 55-jährige Flucht des Saarländers zu erinnern – hervor unter den welken Fittichen des Franzosen und heim ins Reich, wo Milch und Honig fließen, um großzügig auch eine Drohne mit vom mangelnden Gebrauch verkümmerten Stummelbeinen mitzuernähren, wie er eine ist.

Doch was soll er machen? Das schwarze Gold hat seine Flöze unter die Subventionsgrenze zurückgezogen, im Stahlwerk ist schon lange Schicht und der Kinderhandel stagniert – nicht zuletzt wegen der unbegreiflichen Verbote der neuen Herren aus Deutschland. Fern im Osten, so erschrecken die Saarländer ihre Kinder, da, wo im eisigen Hauch unablässig die Wölfe heulen und der Polenrusse heisere Kommandos über die nahe Grenze bellt, liegt der Reichstag – mit dem der anständige Saarländer sein Lebtag nichts zu tun haben will. Besser ist es, weit im Westen still in der heimischen Hütt zu sitzen, »Wurstpeter« zu spielen, wie das beliebte Kartenspiel mit den 560 schwarzen, drei roten und einer scheißefarbenen Karte heißt, und darauf zu warten, dass der Postbarbier das sogenannte Schandgeld bringt: ALG II plus Gutschein für den neuen Quelle-Katalog.

Doch gerade unser März hält für den leidgeprüften Querfranzosen einen hübschen Lichtblick bereit, denn am dortigen 31. Februar wird der saarländische

Neujahrstag begangen. Unter großem »Helau«, »Haha« und »Hallodri« treibt, von einer aufgekratzten Menge angestachelt, das traditionelle Dreigestirn aus Kasper, Narr und Hampelmann eine gehörnte Jungfrau durch Saarstink, um sie im örtlichen Wellenbad ins Wasser zu stoßen. Sodann entscheidet der Rat der Weisen: Geht die Jungfrau unter, kann sie nicht schwimmen, und die Fliederbeerernte fällt aus – zumindest der Teil, der von ebendieser Jungfrau hätte erledigt werden müssen. Geht sie hingegen nicht unter, dann kann sie schwimmen, und alles wird gut. Danach wird an langen Tischen im Freien gefeiert, ungeachtet der heftigen Graupelschauer, die zu jeder Jahreszeit herniedergehen. Beim maßlosen Genuss von heißem »Blubberschweppes«, dem Nationalgetränk aus Rooibostee und gegorener Rachenentzündung, wird auch noch dem Letzten warm. Viele halten das Brennen gar nicht aus und stürzen sich vom Saar-Tower, dem mit vier Stockwerken höchsten Gebäude des Saarlands. Dieses eindrucksvolle Monument für die Ewigkeit steht am Rand von Saarbrücken in Saarminsk, einer leerstehenden Plattenbausiedlung, konzipiert für zehntausend Zuwanderer aus dem Osten, die am Ende doch nicht gekommen sind.

Eine weitere Abwechslung im grauen Alltag bilden die Heimspiele des 1. FC Saarbrücken. Man muss sich dieses im Vereinsregister eingetragene Symbol für Korruption, Wankelmut und kollektives Versagen in etwa als ein von einem kriminellen Kleinkind geführtes Konglomerat aus SSC Neapel, Sachsen Leipzig und Grauen Panthern vorstellen. Aberdutzende Zuschauer verfolgen den meist so heldenhaften wie vergeblichen Versuch, den Abstieg von der Unterliga in die Drunterliga zu vermeiden, schweigend und in dumpfer Resignation. Lediglich bei Niederlagen gegen den benachbarten Pfälzer, den der Saarländer spinnefeind verachtet, weil er lesen und schreiben kann, erhebt sich kurz ein vernehmliches Murren. Den Frust spülen die Fanatiker schließlich mit eiskaltem Blubberschweppes hinunter, bevor es sie zum Saar-Tower oder einfach nur zurück in die heimische Hütt zieht.

Dort geht es dann richtig rund. Schließlich möchte man dem großen Frère Schacke nacheifern, dem saarländischen Nationalheros und -eros zugleich, der der Sage nach das Geschlecht der Saarländer begründete, indem er eine läufige Schakalhündin schwängerte, die aus dem Elsässischen »rübergemacht« hatte, wie es der Saarmensch mit seinem unvergleichlich ökonomischen Vokabular ausdrückt: Ein einziges Wort bezeichnet Weitpinkeln, Brückenbau, Koitus, Brötchenbelegen, Umzug, Flucht sowie überhaupt jede denkbare Form der Fortbewegung. Anschließend setzt man sich zu einer erneuten Runde Wurstpeter an den Tisch, und wer verliert, muss am Ende den Affen füttern – in diesem Punkt versteht der Saarländer ausnahmsweise keinen Spaß.

Das Krankenschwestersyndrom

Frauen sind gemein. Sie sind nicht nur von Natur aus das weitaus zähere Geschlecht. (Eine Geburt zum Beispiel würde ein Mann überhaupt nicht überleben – einen Gebärenden stelle ich mir wie ein Bauchschussopfer in einem Kriegsfilm vor, das die ganze Zeit völlig von Sinnen plärrt: »O mein Gott, Sanitäter, Sanitäter, helft mir doch, o mein Gott!«) Sie kommen auch oft ihrer Pflicht nicht nach, den wehleidigen Mann zu bedauern und zu pflegen, denn der sucht in ihnen in erster Linie stets die Krankenschwester.

Vermutlich spiele ich nur deshalb trotz mangelnder Begabung und kaputter Gelenke hochbetagt noch regelmäßig Fußball. Auf diese Weise habe ich beständig was zu jammern. Zerrungen, blaue Flecken, Fersensporn, Knorpelschaden, Bänderdehnung. Irgendwas ist immer.

In dieser Verfassung komme ich dann heim zur Krankenschwester meiner Wahl. Die Knie sind aufgeschürft wie bei einem kleinen Jungen. Ich habe Muskelkater. Der Rücken tut weh. Kaum schaffe ich es die Treppen hoch. Noch ehe ich den Schlüssel ins Schloss stecken kann, öffnet mir die Frau. Mein Stöhnen hat sie längst im Treppenhaus gehört. Mit zusammengebissenen Zähnen ziehe ich ächzend die blutige Hose aus. Dabei falle ich vor Schwäche fast um, ein Entmüdungsbierchen mag das Seinige dazu beigetragen haben. Die Frau schreit entsetzt auf.

Nicht wirklich, sie tut nur so. Das macht nichts, Hauptsache, sie gibt sich Mühe. Mehr erwarte ich doch gar nicht. Der Mann kommt müde aus dem Krieg oder von der Jagd; der Held hat einen Streifschuss an der Schulter. So muss es sein.

»Aufgeschürfte Knie wie ein kleiner Junge«, ruft sie routiniert, »wie niedlich!« Wenn wir uns noch nicht lange kennen, kümmert sich die neue Frau besorgt um mich. Sie bettet mich sanft aufs Sofa und fragt mitfühlend, ob sie mir kalte Umschläge oder weiß der Dreck was machen solle.

Das ist Wasser auf meine Mühlen, auf diese Gelegenheit habe ich nur gewartet. »Nein«, hauche ich mit matter, doch entschlossener Stimme, »nein, es geht schon irgendwie. Danke!« Die Botschaft zwischen den Zeilen ist klar: Zwar werde ich, wenn kein Wunder geschieht, in absehbarer Zeit an meinen umfangreichen Verletzungen krepieren wie ein Tier, doch meine fast schon sprichwörtliche Härte lässt nicht zu, dass eine schwache Frau mir hilft. Schließlich bin ich aus Mannheim und nicht aus Memmingen …

Leider schleift sich in der Liebe vieles ab. Die Frau wird unleidlich. »Aufgeschürfte Knie wie ein kleiner Junge«, lästert sie genervt, »das ist doch lächerlich!« Es ist stets dasselbe: Sie habe genug davon, sich jede Woche »das Gejammer« anzuhören, wie sie es taktlos nennt. Sie habe sich einen Mann gewünscht, kein Wrack, und so stellt sie schließlich die Betreuung ein, mit den Worten: »Mein Gott, entweder hörst du auf zu jaulen, oder du gehst meinetwegen zum Arzt, aber lass mich damit in Ruhe.«

Ich kann mir denken, was, abgesehen vom infamen Grundverdacht des Simulantentums, in der bösen

Hexe vorgeht: Ja, soll sie mich noch für meine Blödheit bedauern, dass ich zusammen mit fitten jungen Hüpfern sowie anderen einschlägig beknackten Vorgreisen noch immer wöchentlich mein morsches Skelett über den Fußballplatz wuchte? Neunzig Minuten Großfeld? Wer das noch kann, dem geht es offensichtlich gut. Und wer nicht – soll den Ball eben den Jüngeren überlassen. So denkt es, das kalte Herz an meiner Seite.

Der schmerzhafte Witz an der ganzen Sache ist jedoch: Nicht alle Männer bauschen ihre Gebrechen künstlich auf. Mir tut es wirklich weh. Es ist ja nicht so, dass ich mir all das Leid bloß aus den Rippen schneide. Ganz im Gegenteil reiße ich mich sogar noch zusammen, aber die Frau muss natürlich wissen, wie es um mich steht. Das muss schon klar sein. Falls ich zum Beispiel infolge meiner extremen Verwundungen in Ohnmacht falle, muss sich schließlich irgendjemand um mich kümmern. Nicht, dass es mir ergeht wie meinem direkten Vorfahren, Kunibert dem Klaglosen. Der nämlich verlor 1332 im Kampf gegen die Käsekrainer nahezu unbemerkt den Kopf. Nach der Schlacht schlenderte er munter, wenn auch aus dem letzten Loch pfeifend, zurück in seine Burg. Dort fragte ihn seine Gemahlin: »Was hast du denn, Kunibert – da ist doch was.« Er daraufhin: »Nix is. Geh mir weg.« Sie wiederum: »Aber ich kenn dich doch: Is doch was!« Drauf er: »Schweig, Weib!« Und verstarb.

Ein Trauma, an dem sämtliche nachfolgenden Generationen bis heute zu knabbern haben. In unserer heldenhaften Familie muss man also eher gegensteuern, dass man nicht zu wenig jammert.

Genau das versuche ich den Damen allein durch mein Verhalten schonend zu bedeuten, doch das Vertrauensverhältnis Patient/Krankenschwester gerät in der Regel nur weiter aus den Fugen. Die Uneinsichtigkeit der Frau schmerzt fast noch mehr als jede Wunde. An mangelndem Einfühlungsvermögen ist am Ende noch jede meiner Beziehungen gescheitert. Krankenschwestern kommen, Krankenschwestern gehen, der Schmerz bleibt.

Damals bei uns zu Haus I

Gerne erinnere ich mich an früher. Wir führten ein Leben in Harmonie, Frieden und vor allem Sicherheit. Mein Vater war nämlich Dorfpolizist.

In seiner blauen Uniform patrouillierte er den ganzen Tag die Dorfstraße rauf und runter und wedelte gekonnt mit dem Knüppel. Das war cool – die anderen Kinder beneideten uns. Gab es Verdachtsmomente, patrouillierte er auch nachts, und es gab viele Verdachtsmomente, o ja. Sobald er beim Abendessen sein ernstes Gesicht aufsetzte und sagte: »Kinder, ich denke, heute gibt es wieder einige nicht unerhebliche Verdachtsmomente da draußen«, war klar, was die Stunde geschlagen hatte. Mutter unterdrückte tapfer die Tränen. Er wies sie an, Türen und Fenster sorgfältig zu schließen, die Messer zu schärfen und unseren Hund Erik nicht zu füttern, um ihn zornig zu machen. Anschließend ging er.

Wenn er morgens müde nach Hause kam, fehlten regelmäßig Knöpfe an der Uniformjacke, an der Hose war der Reißverschluss kaputt, und der Knüppel war ganz krumm und blutig. Dafür brachte er manchmal schöne Sachen mit, die die Räuber auf der Flucht hatten fallen lassen: Hühner, Tafelsilber und elektrische Geräte – als Dorfpolizist durfte er das alles natürlich behalten.

Nach einem starken Kaffee ging es in der Ersatzuniform gleich zurück auf die Dorfstraße. Nur zur Mittagspause kam Vater kurz nach Hause. Während einer aufreibenden Doppelschicht konnte er schon mal recht fuchsig werden. »Mutter, das Essen schmeckt nicht«, brauchte er dann nur zu sagen, und Mutter wusste sofort Bescheid: Das Dorfgefängnis war innen gar nicht so freundlich, wie es von außen wirkte, mit seinem hübschen roten Giebeldach und dem großen Balkon, auf dem die Gefangenen standen und Geranien gossen. Meistens war aber alles gut, wenn Mutter nur rasch in die Küche sprang und neues Essen kochte. Vater war gar nicht so schlimm, doch Ordnung musste halt sein. Er war nun mal der Dorfpolizist.

Es gab Tage, da wurde er ganz besonders ernst und seufzte sogar hin und wieder. Dann nahm er die große Pistole aus der Küchenschublade und die Schachtel mit den Silberkugeln unten aus dem Schlafzimmerschrank. Sorgfältig schrubbte er die Waffe mit Spüli und lud so viele Kugeln hinein wie reinpassten. Den Rest steckte er in die Uniformhosentasche, schnäuzte sich noch mal geräuschvoll in sein großes Polizeitaschentuch und verließ das Haus. Nach all den Jahren wussten wir die Zeichen längst zu deuten: Allgemeine Verkehrskontrolle.

Nur wenig später hörten wir bereits die ersten Schüsse über die Dorfstraße peitschen. Es war immer dasselbe: Irgendwelche Fremden, die nicht aus unserem Dorf waren, fuhren viel zu schnell durch unser Dorf hindurch. Doch sie hatten nicht mit Vater gerechnet. Der passte auf wie ein Schießhund. Er war der beste Dorfpolizist überhaupt – das stand auch so auf einer Urkunde, die bei uns im Wohnzimmer über dem Sofa hing: »Bester Dorfpolizist überhaupt. Gezeichnet: Der König«.

Diejenigen Fremden, die die allgemeine Verkehrskontrolle überlebten, wanderten für immer ins Dorfgefängnis. Eigentlich selber schuld, doch wenn Vater nach einem solchen Tag nach Hause kam, war er stets sehr still. Immerhin hatte es Tote gegeben – so etwas nahm er nicht auf die leichte Schulter. Er schoss im Grunde überhaupt nicht gern auf Menschen, doch manchmal ging es halt nicht anders.

Ja, der gute Vater. Heute ist er längst in Rente. Im Pflegeheim patrouilliert er in seinem blauen Schlafanzug den Gang rauf und runter, den Knüppel in der linken und die Pistole in der rechten Hand. Wenn wir ihn besuchen, fragt er oft nach Mutter. Doch wir können ihm nicht viel sagen: Die Besuchszeiten im Dorfgefängnis sind außerordentlich ungünstig – das müsste er selbst eigentlich am besten wissen.

Wie ich mal jemandem geholfen habe

Ich glaube, es war gestern. Die Sommersonne schien, und ich war mit der Regionalbahn unterwegs, dem idealen Verkehrsmittel, um die abgelegensten Landstriche Deutschlands und zugleich deren exotische Bewohner buchstäblich zu erfahren. Ich fühlte mich glücklich und mit mir selbst im Reinen.

Von der behaglichen Situation und dem Rausch der schönen Landschaft betäubt, musste ich wohl ein wenig eingenickt sein, denn als ich die Lider hob, stand der Zug. Ich blickte nach rechts aus dem Fenster und gewahrte nichts als dichtes Gestrüpp entlang der Trasse. Meine Augen schweiften nun weiter bis zum Ende des Waggons und erfassten dort eine gebückte Gestalt mit schlohweißem Schopf. Ein uralter Mann fingerte mit gichtiger Hand nach der Wagentür, öffnete sie quietschend und ließ sich langsam die Stufen herab nach draußen. Dieser vertrottelte Greis stieg doch tatsächlich auf freier Strecke aus dem Zug!

Das dichte Buschwerk würde den verwirrten Alten verschlingen wie einen osteoporösen Drops und erst Jahre später bis auf die Knochen abgelutscht wieder ausspucken. Irgendjemand musste ihm helfen, und zwar auf der Stelle! Keiner der umsitzenden Landmenschen nahm jedoch auch nur Notiz von dem sich anbahnenden Drama. Geistesgegenwärtig sprang ich auf und schrie: »Nee! Halt! Nicht!«

Auf der Suche nach einer Notbremse schaute ich

mich blitzschnell um, wobei mein Blick nun endlich auch aus dem linken Fenster fiel. Hier sah ich ein Nebengleis, einen großen Holzschuppen sowie ein Bahnhofsschild.

Dutzende Augenpaare in dem gutbesetzten Waggon starrten mich an. Sie hielten mich offensichtlich für komplett bescheuert, eine Einschätzung, die ich angesichts der gewährten Eindrücke momentan nicht wirklich zu entkräften in der Lage war. Ich ließ mich mürbe zurück auf meinen Sitz sinken, wohl wissend, dass ich gerade mächtig auf dem Rückzug war. »Folgende Worte sind es, die ich hiermit zurücknehme«, murmelte ich in die Runde: »›Nee‹, ›Halt‹ und ›Nicht‹.«

Der Einfachheit halber versuchte ich es stotternd mit der reinen Wahrheit: Herrjemine, rechts habe man eben nicht sehen können, dass hier ein Bahnhof ..., und nur das Gebüsch, und ich hätte gedacht, der alte Mann ..., und ich hätte viel zu spät nach links auf das Bahnhofsschild ..., und ein Zughalt, der scheinbar nur aus einem Gebüsch bestünde, also so ein Ort ..., an jeder Kuh und an jedem Gebüsch ..., das hätte ich ja noch nie ..., also was für eine Wildnis ..., und nicht für möglich gehalten ...

Die Leute murrten. Sie schienen die Wahrheit nicht zu lieben. Immerhin stammten sie aus dieser Gegend, wo allerorten steil aufragende Gebüsche die vernachlässigbaren Zeichen der Besiedlung dominieren und erdrücken. Ebendiese Wahrheit ist es, die sie nicht nur nicht lieben, sondern an die sie schon gar nicht von irgendeinem wildfremden Reisenden erinnert werden möchten, denn neben dem trotzigen Stolz auf ihr idyllisches Randgebiet der Zivilisation spüren sie unterschwellig doch auch die Scham über dessen groteske Wirkung auf den Außenstehenden. Gewiss hatte ich die Bevölkerung zutiefst verletzt und lief Gefahr, in Kürze die harten Kanten ihrer Dreschflegel zu schmecken.

»Freunde, ich bin überhaupt nicht hochmütig! Ich liebe euer Land und seine atemberaubende Schlichtheit«, hätte ich gerne ausgerufen, doch ich fühlte, dass jedes weitere Wort die Angelegenheit nur verschlimmert hätte.

Der Zug setzte sich wieder in Bewegung. Das Starren wurde drohender. Eine Brillenträgerin, die womöglich lesen und schreiben konnte und gar schon mal bis nach München gelangt sein mochte, eilte mir schlau zu Hilfe. »Gell, Sie haben gedacht, Sie müssten hier aussteigen?«, interpretierte sie das Geschehene um. Das machte mich wieder zu dem, was ich in den Augen der Mitreisenden schon vorher gewesen war: ein harmloser und ortsunkundiger Fremdling.

»Ja, genau«, stimmte ich dankbar zu. »Nicht so schlimm. Dann fahre ich halt an der kommenden Station wieder zurück.« Und machte es mir erneut bequem, obwohl in meiner Seele die Verzweiflung mit dem Irrsinn rang. Genau die richtige Taktik, denn das Volk beruhigte sich. Einige lachten sogar, andere machten freundlich klingende Geräusche mit dem Mund, die ich nicht verstand. Ein Mann mit einem Hals wie ein Truthahn bot mir große Schweinestücke aus einer Holzkiste an, die ich aß, um ihn nicht zu beschämen. Am nächsten Gebüsch stieg ich aus.

Kein Herzschlag am Potsdamer Platz

Wunderfein zaubrige Summsätze sind es, mit denen die Schauspielerin Jeanette Hain in der Tagesspiegel-prominentenrubrik »Was ich mag – Was ich nicht mag« unter anderem zu Protokoll gibt, was sie am Kino schätzt: »Sich in die Dunkelheit zu versenken, umarmt von der Sehnsucht nach einem weitwilden Land.«

An ihrem Leben wiederum mag sie: »Dass ich nach einer langen, schmerzschönen Reise beglückt bei mir daheim angekommen bin und die Angst nur noch selten vor der Tür steht.« Kein Wunder, denn was soll die Angst da, wenn Frauchen immer verreist ist? Und beim Aufstehen: »Kinder und Hund im Bett, den Mund meines Traummannes immer noch auf dem eigenen, am Horizont eine leise Ahnung von Kaffee.«

Früh befällt den Leser eine mehr als leise Ahnung von Frau Hains rosa wattigem Gefühlshorizont. Eiapopeia, was raschelt im Stroh? Es sind die vielen Sätzchen …

Als Spezialistin für traulich murmelnde Wortkaskaden, die wie goldener Glücksklee durch ein Sieb aus den Träumen schlafender Hasenkinder rieseln, würde sie folgenden Satz gerne öfter hören: »Es gibt Frieden, allüberall.« Leider ist ihr Wunsch schwer zu erfüllen, da kaum ein Mensch, der auch nur halbwegs seine drei Zwetschgen beisammenhat, die Formulierung »allüberall« benutzen würde, es sei denn, er wäre fünf Jahre alt und sagte ein Weihnachtsgedicht auf.

Weniger mag die ambitionierte Laienlyrikerin hingegen: »Wenn sich morgens gegen drei das bleierne Gedankengespenst auf mich wirft und dabei mein Hirn explodiert.« Ich glaube, das würde ich auch nicht mögen. Das schwere Gedankengespenst! Mitten in der Nacht! Nur ihre Begründung verstehe ich nicht ganz. Mir kämen bei diesem spooky Übergriff des Hirngespenstes ganz andere Beschwerdefaktoren in den Sinn: Ruhestörung, Körperverletzung, Hausfriedensbruch und grober Unfug, eventuell auch sexuelle Nötigung. Und nicht, dass mein Hirn explodiert. Ganz abgesehen davon, dass ihres offenkundig schon längst explodiert ist.

Darauf deutet nicht nur hin, dass sie jede Nacht einen adipösen Denkdämon auf sich rumturnen lässt, anstatt ihm die Tür zu weisen (wo er dann gemeinsam mit der Angst im kalten Hausflur vor sich hin zetern kann), sei es mit freundlichem Zureden, klaren Worten oder, wenn das alles nichts hilft, auch mit Hilfe einer einstweiligen Verfügung. Sondern auch das, was sie am Aufstehen nicht mag: »Dass ich nicht mehr fliegen kann.« Oder an zu Hause: »Es gibt kein Zimmer mit Meerblick.« Wenn jemand Nacht für Nacht übers Kuckucksnest fliegt und dazwischen als Trampolin für einen rabiaten Birnengeist herhalten muss, dürfte dieser Jemand schon länger auf einer schmerzschönen Reise in einem weitwilden Land unterwegs sein. Und zwar ohne Rückfahrkarte. Vielleicht dringt ja trotzdem noch dieser kleine Tipp durch die sehnsuchtsvolle Dunkelheit: Wer ein Zimmer mit Meerblick haben möchte, sollte ans Meer ziehen – das erhöht die statistische Chance auf die gewünschte Aussicht ungemein.

Denn bislang wohnt sie noch in Berlin. Da ist noch nicht mal eine leise Ahnung von Meer am Horizont. An der Stadt mag sie: »Die Freiheit, in den Himmel wachsen zu können.« Woanders geht das ja nicht, wahrscheinlich wegen der niedrigen Decken. Was sie an ihrer Heimatstadt hingegen nicht mag: »Es gibt keinen Herzschlag am Potsdamer Platz.« Dafür muss es da zumindest einmal einen Hirnschlag gegeben haben, vermutlich auf dem roten Teppich vor dem Berlinalepalast.

Frühling im Saarland

Endlich ist nun auch in unserer kecken kleinen Randregion der Frühling eingezogen. Geduldig haben die Saarländer darauf gewartet, schließlich weiß doch jedes Kind dort, dass der Lenz streng nach dem Alphabet erscheint: erst in Afrika, dann in Bayern und irgendwann im Saarland und in Sibirien. Auf der Saar bricht krachend das Eis und gibt die Leichen der Verlierer beim winterlichen Wurstpeterspiel frei. Auf Scheiterhaufen verbrennt die Landbevölkerung unter lautem Geschrei Winterbekleidung, Schlitten und Schneeketten. In stillgelegten Stahlwerken, Bahnhöfen und Fußgängerzonen blühen prachtvolle Brennnesseln, Disteln, Rankmuchte und Zierakne um die Wette. Darüber hebt sich die Starkstinkende Saatkrähe (Corvus cloacis), der häufigste Vogel und daher im Volksmund auch Saarkrähe genannt, jubilierend in die Lüfte – ach, der Frühling in den parafranzösischen Homelands ist wunderschön!

Am beeindruckendsten ist in diesem Zusammenhang jedoch das sogenannte »Große Hallo«, ein uraltes Ritual, mit dem im Saarland der Frühling begrüßt wird. Kein Fremder, der dieses stille Spektakel, bevorzugt vom Saar-Tower aus, beobachtet hat, wird den imposanten Anblick je vergessen: Am frühen Morgen des 15. April öffnen sich um Punkt ein Uhr dreißig sämtliche Türen im Land, die Bevölkerung tritt samt Haustieren und Personaldokumenten geschlossen vor die Hütt und brummt kurz »hallo«. Danach legt sie sich auf der Stelle wieder schlafen.

Nach all diesen Schilderungen bewegt den geneigten Leser nun natürlich vor allem eine Frage: Wie komme ich ins Saarland, und zwar auf dem schnellsten Weg?

Man kann das winzige Land zu Fuß zwar rasch durchschreiten, doch um dorthin zu kommen, empfiehlt sich die Anfahrt mit dem Auto über die weltweit einzige Autobahn mit einer vierstelligen Nummer. Die A 6235 ist zwischen Saarschlumpf und St. Bordell einspurig, ansonsten immerhin halbspurig ausgebaut. In Saarbrücken gibt es sogar eine Ampel (vor einer Behindertenklinik) sowie eine Art Stadtring, der, da ohne Zu- und Abfahrten, angenehm unbefahren wirkt. Auf dem offenen Land hingegen stehen hinter jeder Kurve wenigstens ein Dutzend Kreuze. Der Saarländer ist vom Typ her sehr geradeaus und fürchtet sich nicht. Dennoch hat die Gendarmerie, um den besorgniserregenden Bevölkerungsschwund zu stoppen, verfügt, dass pro Fahrt und Fahrer nicht mehr als sieben Drittelliterflaschen Blubberschweppes konsumiert werden dürfen.

Die mit erstaunlicher Weitsicht bereits im Jahre 1786 erlassene Verfügung löste den berühmt-berüchtigten »Butzbacher Blutsturz« aus: Fast drei Tage lang wurden wie im Rausch Briefkästen abmontiert, Nähkästchen geplaudert und Kühe geschändet – die weitgehend in Vergessenheit geratene Ursache dafür, dass im Saarland das Brot bis heute mit Margarine serviert wird.

An der Spitze der Aufrührer stand damals ein gewisser August Friedrich Mäuslein, der im Eifer des

Gefechts kopfüber in ein Fass mit Schweinejauche fiel. Das einzige Opfer des Volksaufstands wurde bald darauf seliggesprochen und geistert seither als untoter Wiederkäuer durch die Herzen, Köpfe und Schlafzimmer der Saarländer. Als Nationalheiliger genießt er unter dem Namen Frère Schacke die allerhöchste Verehrung. Man ruft ihn vor allem bei Liebeskummer, Venenleiden und Gasgeruch an – zwischen Saarsupp und Saarnachtisch fehlt seine Handynummer wohl in keinem Haushalt. Daneben hilft er wiederholt als erste Interimslösung auf dem Posten des Ministerpräsidenten oder Trainers des 1. FC Saarbrücken aus.

Im Terrorcamp

Kaffeeduft weht durch die Anlage; Zimmermädchen schieben Wagen mit frischer Bettwäsche über die schmalen Wege zwischen üppigen Oleandersträuchern; ein Angestellter fischt Blätter aus dem Pool. Daneben haben sich Männer und Frauen in Tarnanzügen zum Frühsport versammelt: Zu den Kommandos eines langbärtigen Alleinunterhalters stechen sie mit Bajonetten auf tote Schweine in US-amerikanischen Uniformen ein. Ein herrlicher neuer Tag bricht an in Al-Brachial, der idyllischen pakistanischen Exklave am Mittelmeer.

Während die Sportler ans Frühstücksbuffet ziehen, gibt mir der Übungsleiter bereitwillig Auskunft. »Der Uwe«, wie er für seine Gäste heißt, arbeitet hier bereits seine dritte Saison. Der gelernte Reisekaufmann und fanatische Islamist hat nach einer wechselhaften Laufbahn bei TUI, Al Kaida und Neckermann endlich seine berufliche Bestimmung gefunden: Das Terrorcamp »Robinson Beach« ist ideal für alleinreisende Singles, die »es mal richtig krachen lassen« wollen.

In angenehmer Atmosphäre findet jeder Anschluss. Das ungezwungene Miteinander macht den besonderen Reiz der Einrichtung aus. Dazu hält ein vielfältiges Angebot für jeden Pauschalterroristen das Passende bereit: von Bombenbauseminaren, Töpferkursen und Attentaten bis hin zu Rundflügen über die großartige mediterrane Landschaft und in diverse Bankhochhäuser hinein. Wer möchte, kann auch Wasserbanane fahren. Spätestens nach zwei Wochen sieht man überall nur gutgelaunte Terroristen – erholt, gebräunt und hundsgemein. Nahezu jeder zweite Rückflug wird entführt; nicht wenige haben hier ihren Partner fürs Leben getroffen.

Heute steht Wellness auf dem Tagesprogramm, und zwar für die Trainingsgeiseln, die unter unmenschlichen Bedingungen in Dreisterneappartements mit Küchenecke eingepfercht sind: Fingernagelmaniküre mit kurzen Drahtstiften, Ohrenabschneiden und Scheinhinrichtungen. Die Probanden wirken verspannt – kein Wunder, wissen sie doch, dass sie es mit blutigen Anfängern zu tun haben. So fallen unsere Handgriffe anfangs zögerlich und ungelenk aus, doch »der schöne Mohammad« unterstützt uns vorbildlich, lobt und verbessert stets aufs Neue. Der attraktive arabische Ausbilder ist unter den Terroristinnen quasi der Abzugshahn im Korb.

Die 40-jährige Franziska macht da keine Ausnahme. »Sanfter Terrorismus« ist für sie kein leeres Schlagwort. Wiederholt sucht sie die Nähe des Dozenten, lächelt kokett, stellt Fragen. Die ledige Lohnbuchhalterin der Düsseldorfer »Grauen Zellen«, einer paraintellektuellen Splittergruppe der »Bewegung 24. Dezember«, die bislang hauptsächlich mit Hühnerbefreiungen aus Bauernhöfen von sich reden machte, schwärmt: »Die Leute sind toll, die Unterkunft ist tipptopp, das Essen spitze – hier könnte ich es ewig aushalten.« Doch dann verfinstert sich ihre Miene: »Zu schade, dass der Schäuble auch das wieder untersagen möchte. Warum werden wir kriminalisiert? Ich verstehe diesen Irrsinn nicht: Es geht doch um meine Weiterbildung! Wie ein Tier habe ich geschuftet, um mir das Terrorcamp leisten zu können. Vielleicht tragen sie noch den Harz ab und legen die Ostsee trocken, um den Leuten ihren wohlverdienten Jahresurlaub zu vergällen.« Die braungebrannte Gelegenheitsterroristin redet sich richtiggehend in Rage: »Erst verbieten sie das Rauchen, als Nächstes wahrscheinlich das Atmen und am Ende dann noch Flugzeugentführungen. Ich glaube, ich geh mal besser in die ›Tali-Bar‹«, verabschiedet sie sich, »die haben jetzt Happy Hour.« Bei einem leckeren »White Tchetchenian« wird sie sich garantiert beruhigen.

»Der Schäuble« ist ohnehin ein Lieblingsthema im Camp, neben »dem Bush«, »dem Osama« und »dem Ralf«, einem blonden Physiotherapeuten, dem wahre Wunderkräfte bei der Erstversorgung der vom Panzerfaustschießen verspannten Damenmuskeln nachgesagt werden. Tagsüber ist der Hüne mit den weichen Händen völlig ausgebucht. Des Nachts hingegen soll für so manche Nachwuchsterroristin durchaus noch der eine oder andere Termin zu finden sein.

Da fließen am Tag der Abreise aus dem Terrorcamp natürlich Tränen – getrocknet nur durch leere Liebesschwüre. Aus den Augen, aus dem Sinn: Zurück in ihren verregneten Terrorzellen in Hattingen oder Hildesheim, lernen die jungen Dinger auf bittere Weise, dass man einem Terroristenmasseur niemals trauen darf. In diesem Punkt hat der Schäuble ausnahmsweise recht gehabt.

Auf Klassenfahrt: Tagebuch des kleinen Kevin

Erster Tag

Zehn Uhr morgens. Im Schulhof der Graciano-Roc-chigiani-Nebenschule läuft der Bus von »Megaturs« warm für den großen Trip. Wir sind total aufgeregt. Viele von uns werden zum ersten Mal Neukölln verlassen. Und nicht alle schaffen es: Als Herr Bicici, der Busfahrer, gerade durchstarten will, explodiert vor der Windschutzscheibe eine Rauchgranate. Mehrere Vermummte stürmen den Bus und zerren eine Mitschülerin heraus: Meral darf wohl nicht mitfahren. Schade, aber die ungleichen Battles kennen wir ja schon vom Schwimmunterricht.

Nachdem sich der Rauch verzogen hat, geht es endlich los, und die Klassen 8 r bis t rollen vom Hof. Wir besuchen die Schüler vom Berta-von-Schnöselhoff-Gymnasium, unserer Partnerschule in Steglitz – das soll angeblich auch noch Berlin sein. Herr Weetendorf, unser Lehrer für Politik, Islamische Heimatkunde, Sozialarbeit und Schönschrift, hat uns in der VoProWo, der Vorbereitungs- und Projektwoche, erklärt, dass uns dort eine völlig andere Kultur und Sprache erwarten, auch anderes Essen und so. Wir fahren also los, der Bus brettert über das Kopfsteinpflaster der Weisestraße, und Weeti labert was von »Austauschgedanken« und »Weltoffenheit« und so und dass wir nicht ständig unsere Überlegenheit raushängen lassen sollen. Abziehen ist auch nicht, wir wären jetzt schließlich so was wie die Botschafter Neuköllns. Danach geht er durch den Bus und sammelt links und rechts die Messer ein.

Zweiter Tag
Die alte Puffmutter Neukölln will ihre Pferdchen einfach nicht ziehen lassen: Nach zwanzig Stunden Busfahrt stehen wir noch immer in der Silbersteinstraße im Stau. Die Alkopops sind aus, und alle sind voll genervt. Ronnie und René, die Neuen von der Horst-Wessel-Irrealschule in Treptow, singen in der letzten Reihe Nazilieder. Der lange Adnan aus der r versucht mit einem Dönermesser, das Herr Weetendorf übersehen hat, René den Kopf wegzumachen. Der duckt sich und lacht frech. Sofort ist hinten totaler Stress, jeder gegen jeden: Araber gegen Türken, Nazis gegen Kasachen und alle gegen die Hiphopper.

Herr Bicici brüllt brutal ins Bordmikro. Weeti rennt nach hinten und checkt rum: Wir sollen uns alle gefälligst respektieren – halt so, wie wir sind, und so. Und wenn hier nicht bald Ruhe ist, dann schmeißt er die »Rädelsführer« sofort raus, »kein Scheiß«. Serhan erklärt ihm, dass das gar nicht geht, »wegen Versicherung und Aufsichtspflicht und so«, und dass er ihn anzeigt – »ick schwör auf Koran«. Herr Weetendorf und Serhan plärren sich erst mal übelst krasses Zeug in die Ohren. Hammer. Dann fightet Herr Weetendorf mit Serhan, Murat und Florian.

Auf einmal ist auch vorne tierisch Action und alle gucken: Die dicke Jaqueline aus der s, die schon 15 ist, kriegt da voll das Kind. Frau Franke (Karate und Handarbeiten), die als Betreuerin für die Mädchen mit ist, hilft ihr dabei. Obwohl Herr Bicici ins Mikro labert, dass wir uns sofort wieder hinsetzen sollen, weil er sonst für nichts garantieren kann, rennen alle nach vorne. Alles ist krass voll mit Blut und so. Zum Glück stehen wir gerade Ecke Eschersheimer, wo die Geburtsklinik ist. Als der Notarztwagen andockt, sagt die Bitch noch, dass sie sich total wundert und so und dass sie echt nichts gemerkt hat. Damit ist die Schulfahrt für sie beendet.

Dritter Tag

Endlich kommen wir in Lichterfelde-Süd an. Das ist ein Stadtteil von Steglitz, wie wir in Weltkunde gelernt haben. Auf dem Parkplatz vor dem Berta-von-Schnöselhoff-Gymnasium warten schon die Opfer: unsere Austauschschüler und ihre Eltern. Herr Weetendorf und ein Lichterfelder Lehrer lesen abwechselnd Namen von einer Liste ab. Bei den anderen sind überhaupt keine Türken oder Araber dabei. So eine blasse Kindercrew kann von korrekten Flows doch nur träumen.

Mein Name fällt, und ein Kid kommt auf mich zu, wie die Mumie eingepackt in so Schwuchtelklamotten von Peek & Verkloppenburg. Er heißt Holger, und dass der Toy konkret nichts draufhat, sieht ein Maulwurf, der eine Blindschleiche gefrühstückt hat. Ich will dem Vollspast zur Begrüßung ganz normal old school die Fresse tackern, da sehe ich eben noch rechtzeitig Herrn Weetendorf rumhampeln: Vollkontakt verboten! Er gibt einem Steglitzer Kollegen demonstrativ die Hand und sagt: »Guten Tag!«

Wir erinnern uns an seine Lyrics von wegen Kultur und Botschafter und so und kopieren diesen Nuttentrack – für Neuköllner Gangstas eigentlich voll peinlich. »Fühlt sich krass schwul an«, lacht sich Dschihad fast kaputt und gibt allen die Hand, die er erwischen kann: »Guten Tag, guten Tag, guten Tag …«

Auch Holger gibt mir die Hand. Wenigstens sind die Fingernägel nicht lackiert. Auf einmal sind seine Eltern da, Herr und Frau Bick. »Guten Tag«, sagen sie. Guten Tag, nachdem wir drei Tage lang quer durch die Hölle gedüst sind – na, schönen Dank auch!

Bei denen soll ich also wohnen und so. Sie nehmen mich mit zu ihrem Auto, Passat Zombie oder so – Marke megapeinliche Familienkutsche. Hoffentlich sieht mich keiner in diesem Opfermobil! Die halten echt an jeder roten Ampel. Ich ducke mich dann jedes Mal, obwohl mich hier eigentlich keiner kennen kann.

Vierter Tag

Holgers Family wohnt ganz allein in einem Haus. Dafür ist das Haus viel mickriger als unsers in Neukölln – voll die Opferhütte. Drum rum sind lauter Bäume und so, ein richtiger kleiner Park. Sie sagen »Garten« dazu. Leider ist so ein Zaun drum, deswegen kommen keine Dealer rein. Blöd. Ich mach am besten schnell mal die Blocks klar. Ohne Kiff wird das hier sonst ganz schnell langweilig.

Zum Glück ist heute schulfrei, und ich kann in Ruhe die Lage checken. Ein einziger Zeitungskiosk in der Nähe, der Inhalt der Ladenkasse ist ein krasser Downer: Die Gage reicht nicht mal für neue Air-Max. Im »Lichterfelder Stübchen« wollen mir die Zombies kein Bier geben. Der Zigarettenautomat ist auch hinüber, jedenfalls nachdem ich dran war, Ehrensache. Auf der Straße Totentanz. Bäume; Einfamilienhäuser; Bordsteine ohne Ende, aber keiner, der sie fressen will. Was für eine lausige Hood!

Zum Mittagessen sind nur Holger und seine Mutter da. Die Bitch will mir stecken, dass ihr Mann auf Arbeit ist. Auf Arbeit? Abgefahren! Aber bestimmt ist das wieder nur die Story für neugierige Nachbarn und kleine Kinder: Im Knast wird er sein, während seine Alte einen auf Münchhausen macht – wo denn sonst?

Holgers Mama hat »gekocht«, wie sie es nennen. Die machen das Schappi anscheinend echt selbst. Müssen sie auch, ist ja kein Imbiss weit und breit. Voll die Unterversorgung. Das ist hier echt hammerhart krisenmäßig, wie Krieg und Afrika und so. Auf der anderen Seite wird nirgends geschossen – ich vermisse den Sound von Neukölln.

Die haben noch nicht mal Pappteller. Wir müssen so, heititei, mit Besteck von Porzellantellern spachteln. Auf denen liegen so runde gelbe Bollen, der schwule Opferfraß groovt absolut nicht. »Mein lieber Schwan, wenden Sie sich an den Imbiss Ihres Vertrauens«, möchte ich da empfehlen, aber gibt's ja nicht in dieser Bürgerwildnis. Ich frag, was das für eine Spacken-Pampe ist, und Holger das Hemd schielt wie eine bekiffte Tunte und sagt dann: »Kartoffeln.« Ich frag: »Kartoffeln?«, und er so, ja, das wäre so gekocht, man könnte da auch Kartoffelsalat draus machen und so, oder Pommes. Und ich peil plötzlich gar nichts mehr und will wissen, ob er gerade versucht, mich zu ficken: Wenn das der Grundstoff sein soll und sie den hier immerhin schon mal haben, wieso es dann keinen verfickten Imbiss gibt, der da was Essbares draus macht? Alle lachen, als hätte ich den

Ultrajoke gemacht. Als ich frage, ob ich vielleicht den Döner haben kann, den ich Holger gestern als Mitbringsel überreicht habe, kichern sie erneut wie abgedrehte Cracknutten. Die ficken meinen Kopf. Ich brauche unbedingt ein Break, sonst kacke ich der Sippe echt noch in den Hals!

Fünfter Tag

Heute müssen wir mit zur Schule. In den Klassen unserer Gastgeber verfolgen wir den Unterricht. Die lernen da voll die Sprachen, dabei können sie noch nicht mal ihre eigene richtig: Heute Morgen hat mich Holger ohne Scheiß gefragt, was ein Spast ist. Und ich so: Du bist ein Spast. Aber er hat's trotzdem nicht gepeilt. Während Bulgarisch oder Latein oder was weiß ich schlafe ich voll ein, weil ich vor der Stunde noch eine Tube Klebstoff aus meiner Alditüte gesaugt habe. Als ich wieder aufwache, läutet es. Große Pause.

Auf dem Schulhof treffe ich endlich mein Team wieder, alle haben voll die Storys auf Lager: Bei keinem trinken die Väter Bier zum Frühstück; in der Nähe von dem Haus von Serhans Gasteltern steht eine Telefonzelle, die funktioniert; Mandys People haben im Bad eine Art flache Kloschüssel nur zum Arschwaschen; Igor sagt – ich schwör! –, er hätte auf der Straße gesehen, wie jemand die Scheiße von seinem Hund mit so einem Chirurgenhandschuh aufgehoben und in eine Plastiktüte gesteckt hat. Wir lachen uns krass weg. Am besten aber ist die Story von Enver: Er so gestern Flasche Schnaps von seinen Eltern als Mitbringsel, hat er selber getrunken und so und ist dann im Wohnzimmer wie ein Penner mit der

Stirn auf den Teppich gebounced. Da war dann erst mords der Alarm, und er, Enver, dann cool die dicke Hose anbehalten und straight die Message rübergebracht, er muss beten. Auf dem Teppich und voll nach Mekka, Inschali und Inschala und so. Daraufhin der Gastvater völlig ernst rumgechillt, von wegen blabla und so, und alle Religionen muss man voll respektieren und so, hat ihm also die scheintote Missgeburt geholfen, den Teppich in sein Zimmer zu schleppen, damit er immer in Ruhe beten kann, solange er da wohnt. Da wirst du doch echt weich …

Am Abend ist eine Party in der Aula, weil wir ja morgen schon wieder fahren – die Woche ist rum. Wir Neuköllner ziehen hinter dem Rücken der Aufpasser tight die Wodka-O-Nummer ab, während die Uptownpussies brav an ihrer Cola nippen. So langsam kickt die Party. Ein paar von unseren Homies kommen voll auf Aggro und taggen die Schulwände vom Keller bis zum Dachboden. Als wir gerade die Scheiben im Lehrerzimmer scratchen, kommt der Hausmeister. Als wir den Hausmeister scratchen, kommen die Bullen. Als die Bullen kommen, ist die Party gefickt. Schade, war gut bis dahin.

Sechster Tag

Ein Abschied voller Tränen. Was erst keiner gedacht hätte: Irgendwie haben wir uns doch echt aneinander gewöhnt und so. Das mit dem Austauschgedanken hat voll hingehauen: Viele von uns tragen Klamotten und Schuhe von den Lichterfeldern. Im Schatten des Busses wechseln die letzten Kleidungsstücke die Besitzer. Noch mehr Tränen. Herr Weetendorf guckt nur noch weg. Der Loser. Dann geht es los. Wir winken alle – die mit den Händen, wir mit Faust und Mittel-finger. »Ihr Nutten bremst bei Gelb«, rufen wir ihnen zum Abschied hinterher, dann biegt der Bus um die Ecke, und wir sehen nur noch ein bisschen Rauch von der Schule, die wir abgefackelt haben.

Siebter Tag
Herr Bicici hupt einen Müllwagen an, der die Hofein-fahrt zur Graciano-Rocchigiani-Nebenschule blo-ckiert. Der Müllwagen hupt zurück. Die beiden rasten aus wie die Orks und boxen sich, bis der As-phalt brennt. Unser Mann zeigt die besseren Moves – Respekt! Der Müll-Faker liegt blutend am Boden. Es ist schön, wieder daheim zu sein.

Berliner Themen

Die anstehende Wahl zum Berliner Abgeordnetenhaus wirft außerhalb Berlins nichts als Irritationen auf.

»Berlin?«, so fragt man sich im Rest der Republik. »Ist das nicht dieses Milliardengrab im Ostblock, wo zerlumpte und schwer homosexuelle Antisemiten auf Koks mit (vom Staat subventionierten!) Grillanzündern Mittelklassewagen württembergischer Entwicklungshelfer abfackeln, während die Volkspolizei schelmisch zwinkernd danebensteht und aufpasst, dass das Feuer nicht ausgeht? Wo in den »Schulen« vom fachgerechten Bordsteinkick bis zum handygefilmten »Happy Slapping« alles vermittelt wird, was man in den vermüllten Straßen, Plätzen und öffentlichen Verkehrsmitteln zum Überleben braucht? Wo ein Flughafen nach dem anderen geschlossen wird, nur um den unzähligen Schweinehunden der Meckermetropole eine weitere (vom Bund unterstützte!) Freifläche zum Zukoten zu schaffen? Wo man unter Fremdenverkehr vor allem kopulierende Lärm-, Kotz- und Sauftouristen in den (eigens für die Dealer eingerichteten!) Grünanlagen versteht und unter Kultur splitternackt stammelnde Schauspieler, die einander mit Hakenkreuzen verzierte Sahnetorten (vom Land bezahlt!) ins Gesicht werfen? Wo man eine (vom Senat finanzierte!) S-Bahn aus von durchreisenden Hütchenspielern überteuert erworbenen, defekten Gebrauchtteilen betreibt, die im Winter nicht fährt, im Frühling versagt und im Sommer stehen bleibt? Wo sich die Stadtplanung darin erschöpft, zufällig ausgewählte Wohnhäuser durch (von der Regierung angestiftete!) Verrückte anzünden zu lassen, um an derselben Stelle entweder einen weiteren Bio-Markt zu errichten oder die Brache als Hundeklo, Boule-Feld für Arbeitslose (von der Stadt gesponsert!) respektive Tummelplatz für Drogensüchtige zu nutzen? Wo die einzigen Wachstumsbranchen Spirituosenhandel, Beschaffungsprostitution, Brandbekämpfung und Sachbearbeitung im Job-Center sind? Wo die Gemengelage aus Künstlern, Kreativen und Kriminellen unübersichtlicher ist als in einem chinesischen Gefängnis? Wo Höflichkeit als Schande, Sauberkeit als Makel und Fleiß als Verbrechen gilt …?«

»In diesem stadtgewordenen Abszess am Arsch der Nation«, resümiert schließlich der redliche Steuerzahler zwischen Emden und Rosenheim, »erübrigt sich ja wohl jede Wahl von selbst. Ein Esel wählt das andere Langohr – den Aufwand kann man sich doch wirklich sparen. Ganz davon abgesehen: Welche Themen soll es da schon noch geben?«

Doch hier irrt der Bürger ausnahmsweise ganz gewaltig: Berlin ist sich selbst sein eigener Themenpark. Gerade aus den oben geschilderten Missständen ergeben sich jede Menge Möglichkeiten, um die in der politischen Trümmerlandschaft unserer sogenannten Hauptstadt kontrovers gestritten wird.

Denn natürlich kann es, ebenso wie die Wüste zu blühen und der Radrennfahrer zu schwängern vermag, auch hier mit der Wirtschaft bergauf gehen. Debattiert wird also über das Wie: Die CDU befürwortet das Aufstellen weiterer Pfandflaschenautomaten, um die Eigeninitiative zu fördern, die Grünen wollen ein Kraftwerk bauen, das Ökostrom aus Hundekot gewinnt, die Linken die Stadtteilpartnerschaft zwischen Hohenschönhausen und Havanna del Norte vertiefen, um Arbeitsplätze in der Tabakindustrie zu schaffen.

Heiß gestritten wird auch in der Bildung, einem Bereich, in dem man bis vor kurzem noch die Messe bis zum Jüngsten Tag gelesen glaubte. Die FDP möchte in private Elitegymnasien investieren, um das Berliner Abitur langfristig an das Niveau des bayerischen Hundeführerscheins (Klasse 5b) heranzuführen – ein ehrgeiziges Vorhaben angesichts einer Quote von über dreißig Prozent Analphabeten unter den Lehrkräften. Die NPD will noch mehr Deutsche Schäferhunde als Hausmeister einstellen, die Piratenpartei setzt sich für einen Unterricht per Skype und Twitter ein, und die Grauen Panther wollen die Regelstudienzeit pauschal auf hundert Semester erhöhen.

Beim Thema Sicherheit beabsichtigt »Die Freiheit«, Grillanzünder unter das Kriegswaffengesetz zu stellen, und die Partei für intergalaktische Kommunikation will zur Drogenbekämpfung um jeden Park herum eine zwanzig Megamy dicke Lichtmauer aus stellarer Masse-Energie errichten.

Die SPD will nur Klaus Wowereit. Das muss dem Wähler reichen.

Gedanken am Morgen eines Freitags, dem Dreizehnten

Freitag, der Dreizehnte. Das ist kein glücklicher Tag für mich heute. Von der Rückseite der Zeitung, die eigentlich gerade meine Freundin liest, erfahre ich unter einem Bild von Flavio Briatore nebst Beistellpüppchen, dass Frauen auf Männer mit Reichtum, Macht und Einfluss abfahren. Streng bilanziert finden sich bei mir dagegen nur Armut, Ohnmacht und Ausfluss. Schön ist das nicht.

Meine Freundin sagt zwar, und zu diesen Worten senkt sie eigens die Zeitung, in die sie ansonsten zwei Löcher reingebohrt hat, um mich am Frühstückstisch zu beobachten, sie sagt also, sie wäre auch mit mir zufrieden.

Allerdings relativiert sie in einem Nachsatz: Einen Besseren kriege sie halt nicht mehr, das müsse sie sich nun mal selber eingestehen, und damit habe sie sich inzwischen notgedrungen abgefunden, und einen Besseren, nun ja, Gottchen, brauche sie auch nicht unbedingt, schön wär's zwar, aber schön wäre schließlich auch, wenn der große Heiland-Teletubby käme und mit seiner Pustefixpistole Hunger und Krieg aus der Welt fortbliese, und ein Mann wie ich sei allemal zweckmäßiger als beispielsweise ein Meerschweinchen, schon allein der Größe wegen, das sei durchaus in Ordnung so, ich stänke wenigstens nicht über die Maßen, und Demut sei auch eine Tugend, das sage sie sich selbst zumindest immer wieder, wenn sie bei meinem Anblick allzu sehr das nackte Grauen packen wolle, nicht zuletzt sei ja weniger bekanntlich oft mehr, ein kalter, dummer und doch irgendwo nicht ganz unwahrer Spruch, man müsse im Leben auch eigene Grenzen akzeptieren und endgültige Niederlagen, erwachsen zu werden bedeute am Ende immer auch, Abschied zu nehmen von seinen Träumen, Illusionen oder sogar ureigensten Grundbedürfnissen, das Leben sei eben kein Wunschkonzert für verwöhnte kleine Mädchen, und Männer, ach was soll's, manchmal werde am Ende dann ja doch noch überraschend aus Wasser eine Art billiger Wein und aus Scheiße, na ja, nicht gerade Gold, aber immerhin vielleicht doch schöne Scheiße, und wenn nicht, mein Gott, klar, wäre ein vernünftiger Mann eine feine Sache, aber bitte, das müsse auch nicht auf Biegen und Brechen sein, damit habe sie ohnehin längst abgeschlossen, es gebe einfach Wichtigeres im Leben, persönliches Glück werde sowieso überbewertet, dieses Streben nach Gefühlsoptimierung führe unter dem Strich ja letztlich doch zu nichts, schlussendlich könne man das ach so wertvolle Glück nicht mit in die Grube nehmen, da das letzte Hemd bekanntlich keine Taschen habe, und vor allem: »Ein gutes Pferd springt nur so hoch, wie's muss.«

Nach dieser knappen Erläuterung fängt sie bitterlich an zu weinen – vielleicht ja vor Glück? Trotz all ihrer entschiedenen Parteinahme für ein Leben mit mir stimmen mich ihre Worte auf unerklärliche Weise wehmütig. Komplimente können tückisch wie Landminen sein, die den arglosen Kindern der Unbefangenheit beim Spielen im unübersichtlichen Wald der zwischenmenschlichen Beziehungen die Beine des

Vertrauens abreißen, um sie in den Rollstuhl der gleichgültigen Abgeklärtheit zu befördern.

Aber das Frühstück an diesem Freitag, dem Dreizehnten hat auch sein Gutes, denn es gibt lecker Schinken aufs Brötchen. Schinken, der noch salziger wird durch die Tränen, die wir mittlerweile beide weinen. Flavio Briatore, ich möchte deine mürben Nüsse zwischen zwei Backsteinen zermalmen und dazu La Paloma pfeifen!

Ob das dann eigentlich auch in der Zeitung stehen würde?

Das Saarland in Bild und Ton

Im Saarland ist es immer schön, doch im Mai ist es am allerschönsten. Endlich holt sich die Natur zurück, was der durchgeknallte Frankogermane über Jahre hinweg mit nutzlosen Industriebauten zugestellt hatte. Gott sei Dank! Es wurde wahrlich genug verwüstet bei den wahnwitzigen Bemühungen, Quark aus Seide zu brennen oder die traditionelle Stahlpusche zum Exportschlager zu machen. Auch der Versuch, diese Hämorrhoide am After Frankreichs klammheimlich zur Atommacht aufzurüsten, scheiterte zwangsläufig am legendären »Dummschiss« des Saarländers, einer Mischung aus Wiener Schmäh, Harzer Roller und Chercher-la-femme-à-la-toiletteen-passant-quelque-chose. Es ist ebendieses hysterische Phlegma, das einen auf den ersten Blick sympathischen Verlierer zu einem grandiosen, zutiefst menschlichen und in seiner melancholischen Weitsicht auf einmal überaus edel wirkenden Menschen gehen lässt, um ihm voller Neid »die Fress zu streichle«, wie es der Saarländer in der ihm eigenen Niedertracht zu nennen pflegt.

Ist diese Arbeit getan, genießt er den Mai in vollen Zügen.

Jetzt heißt es also: Zurück zur Natur! Mit Sack und Pack, wie im Saarland die meisten Kinder heißen, zieht die Familie aus der heimischen Hütt hinaus auf den Hohen Tattergreis, den mit 28 Metern höchsten

Berg des Saarlands. Besonders an den gesetzlichen Feiertagen wie Bürschteldonnerstag, Faulenzius' Abtreibung, Abhängigkeitstag von Frankreich, Sperrmüll oder Hexensabbat ist der Gipfel völlig überfüllt. An der Bergstation der Tattergreisbahn sieht man die erschöpften Ausflügler beim Picknick mit dem erfrischend säuerlichen »Schlabbermus«, einem aus kaltem Heringsharn angerührten beliebten Snack für zwischendurch.

Von dort oben, wie auch vom Saar-Tower aus, kann heute sogar wieder der längst ausgestorben geglaubte Blessgeier beobachtet werden – der Nationalvogel des Saarlands ist auch auf dem vierteiligen Wappen zu sehen: links und rechts zunächst je ein kotzender Pudel, der eine leichenblass, der andere gelbsüchtig, über diesen dann als Mahnung für die Ungehorsamen und Fleißigen ein stilisiertes Gitter – das Symbol von Santa Arschfick, der größten Saarbrücker Haftanstalt – und schließlich drei Blessgeier mit erigierten Geschlechtsteilen in einer Art Formationssturzflug.

Laut dem Biologen der Saarschleimer Bretterbudenuniversität nistet im Schornstein des einzigen nicht stillgelegten Walzwerks bereits wieder ein Brutpaar, vermutlich Onkel und Tante, die ihren Nachwuchs aus dem Ausland adoptieren. Leider ernährt sich der mäklige Vogel ausschließlich von Krickenten, die von Fahrzeugen der Marke Mercedes Benz überfahren wurden. Um den Bestand des Wappentiers zu sichern, muss das Futter eigens aus dem Schwabenland importiert werden. Der Sage nach stahl einst ein Blessgeier Kevin den jüngsten Sohn des saarländischen Nationalheiligen, Frère Schacke, aus einer Waschstraße, in der er in Alufolie gewickelt im Schrott lag, derweil der Heilige mit seinen Aposteln in aller Seelenruhe eine Partie »Wurstpeter« spielte, und ließ den Säugling aus großer Höhe in ein mit Pech gefülltes Fass plumpsen. Von Frère Schacke aber sind, als dieser die Bescherung sah, folgende Worte überliefert: »Das Kind war hässlich, und nun ist es schön! Bringt mir den Vogel, der dies getan, und ich werde ihn segnen, und man wird ihn im gesamten Dreistromlande zwischen Saar, Pissbach und Rapunzel fürderhin verehren als wie einen geflügelten Gott.«

Zum guten Beschlusse soll nun endlich der Wortlaut der saarländischen Landeshymne nachgereicht werden, des Saarlandlieds oder, wie die Einheimischen in liebevoller Bewunderung sagen, »de Jekreische«: »Saarland, Saarland, Saarland, Saarland, Saarland, Saarland, Saarland, Saarland, Saarland, Saarland, Saarland, Saarland, Saarland ...«

Risse durch WC und Gesellschaft

Der neue Tchibo-Katalog ist da.

Unter der Rubrik »Ideas: Gemeinsam gedacht. Besser gemacht.« wird eine »WC-Bürste mit Griffsicherung« für nur 9,99 € beworben. Neben einer Abbildung der Bürste findet sich ein kleiner Artikel: »Peter Franke hat eine WC-Bürste erfunden, die nicht so einfach von Kindern aus dem Behälter entnommen werden kann. Nur wenn man den Griff zusammendrückt, kann man die Bürste entnehmen. Für Kinder ist dieses Prinzip nicht auf den ersten Blick zu durchschauen …«

Dazu ein kleines Foto von einem freundlich dreinblickenden Mann mit Brille und blauweiß gestreiftem Bergsteigerhemd, vermutlich Peter Franke. Hätte ich so eine absolut genizte WC-Bürste mit Griffsicherung erfunden, würde ich vermutlich auch so freundlich gucken.

Warum Kinder die WC-Bürste dem Behälter nicht so einfach entnehmen können sollen, muss ich als Kinderloser mir zunächst zusammenreimen. Es ist, da bin ich mir nun sicher, wegen des Reporterspiels.

Wie sieht das denn auch aus: Es klingelt an der Tür, das Kind öffnet und hält dem hohen Besuch als Erstes ein Mikrofon in Form einer weißen Klobürste, an deren Borstenspitzen weithin sichtbar noch die Scheiße klebt, mitten ins Gesicht und stellt mit lauter Kinderstimme kluge Fragen: »Mr. President, was haben Sie sich dabei gedacht, Teddybärhausen zu bombardieren?«

Aber keine Sorge: Wenn der Gast nicht kotzt, dann lacht er bestimmt gutmütig und versucht, die Frage zu beantworten. Das Kind möchte Reporter werden? Dann sollte man es unterstützen, meint der wohlmeinende Besucher.

Und recht hat er! Guter Nachwuchs ist gefragt, denn schließlich ist es bei den erwachsenen Reportern oft genau andersrum – da sind die Fragen scheiße: »Mr. President, was haben Sie sich dabei gedacht, bei der Bombardierung von Teddybärhausen noch zwei Schuppen stehenzulassen?«

Man sollte die Neigungen des Kindes fördern, wo es geht. Ist doch alles besser, als wenn es den ganzen Tag lang apathisch fernsieht, das sage ich den Eltern immer wieder. Die Eltern seufzen dann, ich als Kinderloser habe ja gut reden, und was ich denn glaube, wie sich das für eine Mutter anfühle: ständig laute Schreie aus dem Kinderzimmer, die schrille Frage nach einem letzten Wunsch, zu Gefangenentransportern umgebaute Matchboxautos, Tomatenketchup, Pappguillotinen und geköpfte Teddybären, aus deren Hälsen Sägespäne rieselten und die Auslegeware einsauten, nur weil es sich der Junge in den Kopf gesetzt habe, unbedingt Henker werden zu wollen. Oder eine Armee geschminkter Puppen, spärlich bekleidet links und rechts den Flur entlang aufrecht an die Wand gelehnt: Das Töchterchen spielt bloß mal wieder Straßenstrich.

»Meine Güte, es sind halt Kinder«, antworte ich daraufhin, »man hat es bestimmt nicht leicht mit ihnen.« Meinetwegen sollen die Eltern also ruhig zu

Tchibo rennen und sich eine WC-Bürste mit Griffsicherung kaufen. Nur bitte keine Fronten aufbauen. Ich als Kinderloser habe es schließlich ebenfalls nicht leicht: Eltern wissen ja gar nicht mehr, wie es ist, wenn morgens kein helles Kinderlachen zu hören ist, sondern sich nur ein langgezogener Seufzer hohl und klagend an den eiskalten Wänden immer leerer Zimmer bricht.

Oder wie bequem sie es haben, wenn sich ihr Tag quasi automatisch strukturiert, ohne dass sie selbst groß was dazu tun müssen: Um fünf Uhr aufstehen, Biobrote schmieren, Kinder wecken, noch mehr Biobrote schmieren, um halb sechs noch mal die Kinder wecken, noch mehr Biobrote schmieren, um sechs dann die Kinder anschreien, um halb sieben anziehen, um sieben wieder ausziehen, weil sie sich vollgekotzt und vollgekackt haben, um halb acht in den Kindergarten oder an die Uni bringen, während unsereiner halb depressiv vom Mangel an Verantwortung und Lebenssinn perspektivlos in den Tag hineindämmert – das Bett ein quälend weiches Gefängnis für Körper, Geist und Seele.

Und abends sind die Eltern, im ureigensten Sinn des Wortes, rechtschaffen müde, während der Kinderlose unruhig durch die Lokale ziehen muss, um sich mit dem guten Geld, das er an den Kindern spart, auch noch die Gesundheit zu ruinieren, auf der vergeblichen Suche nach dem schwer zu erhaschenden Glück, das letztlich doch nur in den Augen unserer Kinder steckt.

Außerdem werden die Kindeseltern auch nicht von einer übellaunigen Gouvernante aus Berlin-Rudow an den Leserbriefpranger der Programmzeitung

»Zitty« gestellt, als gesellschaftsstörendes Element, das »restbekifft oder alkoholisiert darüber philosophiert, was man denn mal tun könnte«. Wer solche Fronten aufbaut und darüber vergisst, dass meist auch ein wenig Egoismus und nicht nur die reine Selbstlosigkeit pränataler Pate der eigenen Kinder war, wuchtet wahrscheinlich auch mit kaltem Stolz im Blick den Kinderwagen wie einen Rammbock durch die minderwertige Menge aus kinderlosen Drohnen und unfruchtbaren Missgeburten. Bahn frei auf dem Weg zu Tchibo!

Ich denke oft an Piroschka

Was die skandalösen Vorkommnisse auf dem Segelschulschiff »Gorch Fock« betrifft, stellen sich mir ganz andere Fragen als die in der Presse diskutierten. So zum Beispiel diese: Wozu gibt es überhaupt ein Segelschulschiff?

Immerhin scheint die Dampfschifffahrt doch mittlerweile so weit ausgereift, dass eine Unterweisung der Kadetten in der aktuellen Technik längst kein unverantwortliches Vabanquespiel mehr darstellt. Die Offiziersanwärter bei der Infanterie üben doch auch nicht mit Steinschleudern. Die monatelangen Segeltörns auf Staatskosten kommen mir hingegen eher vor wie schwimmende Bootcamps für schwererziehbare Jugendliche, und sind es letztlich wohl auch: Junge Berufssoldaten zu resozialisieren dürfte nämlich ebenfalls nicht einfach sein. Ihnen den Wunsch zum Töten auszutreiben, den Kadavergehorsam, die Trinkspiele, die Frauenfeindlichkeit, den Stumpfsinn, kurz: die Wehrfähigkeit.

Dazu muss ich nur an meine eigene Wehrdienstzeit bei den unberittenen Husaren denken. Wie alle anderen war auch ich dort drauf und dran, im Dauerregen eines menschen- und gesellschaftsfeindlichen Klimas zu einem giftigen, fleischfressenden Mauerblümchen heranzuwachsen.

Jeden Morgen mussten wir früh aufstehen. Zuweilen war es noch nicht mal hell. Sondern dunkel. Sehr

dunkel. Überaus dunkel. Der Drill war schier un-
menschlich. Alle schrien. Mit dem Panzer fuhren wir
zum Teetrinken. Dabei zermatschten wir ohne Rücksicht Unmengen unschuldiger Käferchen, die auf dem
Pfad zur Teeküche arglos ihre Nester und Garagen in
den Morast hineinbauten. Die Käferchen schrien nun
gleichfalls, doch wir waren taub für ihre Not. Der
Drill hatte uns bereits völlig abgestumpft. Im Sommer schossen wir in der Stube oft lachend das ganze
Magazin auf eine einzige Mücke an der Wand leer,
und wenn wir trafen, lobte uns der General dafür, bevor wir in den Heimaturlaub fuhren.

Kein Wunder, dass die meisten meiner damaligen
Kameraden heute Verbrecher sind oder anderen bür-
gerlichen Berufen nachgehen. Als potentielle Kampf-
maschinen aus Fleisch, Blut und Amalgam vegetie-
ren sie mit Frau und Kindern in schönen Häusern vor
sich hin. Normalerweise müsste es mir genauso gehen, hätte ich nicht sehr viel Glück gehabt.

Denn ich lernte die Liebe kennen. Ich befand mich
auf meinem Heimweg von der »Fürst-Henckel-von-
Donnersmarck-Stahlburg-Kaserne«. Es war ein
wunderschöner Maientag, doch für Schönheit war
ich zu jener Zeit schon lang nicht mehr empfänglich.
Nach Husarenart schlendernd, schoss ich auf die
Blütenköpfe zarter junger Blumen, die unvorsich-
tig über die Gartenzäune lugten, und warf dabei mit
zackig geleerten Bierdosen um mich wie ein Zaube-
rer mit Wunderkerzen. Da erblickte ich auf einmal
das Mädchen.

Sie warf sich schützend vor ein Tulpenbeet, das ich
soeben ins Visier hatte nehmen wollen, und funkelte
mich wütend an. Ihr Mut und ihr unbedingtes Eintre-

ten für die wehrlose Kreatur imponierten mir. Beruhigend sprach sie auf die heftig weinenden Tulpen ein, die in Panik zu flüchten versuchten. Heimlich betrachtete ich das Mädchen durch ein Loch in meinem Helm: Sie war genau genommen unfassbar hässlich, doch ihr lustiger Hut aus Tamarindenmehl machte sie sehr schön. Auf einmal passierte etwas unglaublich Unglaubliches in mir: Der eiserne Kettenstrick um mein hartes Herz zerbarst, meine Brust weitete sich, ich atmete, fühlte, lebte wieder. Das Lenor der Liebe spülte mich von innen heraus auf eine Weise weich, die ich längst vergessen hatte. Unwillkürlich entwich ein sanftes Fiepen meinem Mund. Ich zerknüllte mein Gewehr und küsste das Mädchen …

Die Liebe hat mich also gerettet und zu dem gemacht, was ich heute bin. Das Mädchen ist inzwischen längst tot oder woanders hingegangen. Ich weiß es nicht, es ist auch nicht wichtig, die Zeit ist eine schiefe Ebene aus Glas.

Die Angst ist ein Teufel

Nach den gewalttätigen Übergriffen Rechtsextremer auf Gegendemonstranten sowie türkischstämmige Passanten zeigt sich die Berliner Polizei offiziell »erschrocken« über die Brutalität der Neonazis. Damit habe man »in dieser Form nicht gerechnet«, heißt es aus Sicherheitskreisen in der Nachbereitung des NPD-Aufmarschs vom 14. Mai in Kreuzberg.

»Huh, da bin ich richtig zusammengezuckt und habe vor Schreck gequiekt«, berichtet uns der am Einsatz beteiligte Polizeiobermeister Peter Recke. Die Furcht steht ihm noch immer ins Gesicht geschrieben. »Die Nazis haben auf einmal ganz laut gebrüllt und sind ganz schnell gerannt!« Derart wühlt die Erinnerung den Beamten auf, dass er leise zu weinen beginnt. Doch rasch fängt er sich wieder und erzählt mit stockender Stimme weiter: »Die haben die Leute dann richtig gehauen und dabei wahnsinnig böse geguckt. Das sah so schlimm aus, dass ich mich wegdrehen musste. Viele meiner Kollegen sind auch weggelaufen.«

»Ja, wir haben jetzt leider viele solcher Fälle«, bestätigt der begleitende Polizeipsychologe Lennart Reichenberger. »Von den sechshundert Einsatzkräften an diesem Tag sind etwa zwei Drittel in Behandlung: unkontrolliertes Zittern, Schlafstörungen, Schweißausbrüche. Allein schon der Anblick eines Rechtsabbiegers kann Panik auslösen. Die Angst ist ein Teufel!« Er spricht in normaler Lautstärke, obwohl Recke direkt neben ihm sitzt. Doch die Außenwelt scheint den schwer Traumatisierten kaum mehr zu erreichen. »Stellen Sie sich das bloß mal vor: Sie sind Polizist und freuen sich auf einen wunderschönen Naziaufmarsch mit Bratwürsten und Blumengirlanden, und dann das! Es ist einfach nicht mehr wie früher ...«

Da hat er allerdings recht. Was waren das noch für Zeiten, als die rechtsradikalen Spaßdemos über die Landsberger Allee marschierten, zur Freude von Groß und Klein. Lachende Kinder auf den Schultern ihrer Väter säumten die Demonstrationsstrecke und versuchten die von knuffigen Glatzköpfen in die Menge geschleuderten braunen Bonbons und kleinen Hitlerteddybären, bei denen nur der rechte Arm beweglich war, zu erhaschen. Lustige Nazi-Clowns, die sich Hakenkreuze ins Gesicht geschminkt hatten, jonglierten mit Teleskopschlagstöcken und jagten Ausländer mit Sahnetorten. Hei, das gab immer ein großes Hallo und Gelächter, wenn sie einen erwischten. In den Redebeiträgen wurden Migranten sehr höflich darum gebeten, doch bitte das Land zu verlassen, und bei der Forderung nach der Todesstrafe für Kinderschänder war ein bedauernder Unterton deutlich herauszuhören. Die selbstkritische Einsicht, dass es sich gerade bei Rechtsradikalen durch die Bank um verklemmte Kriminelle mit Bettnässervorgeschichte handelt, war nämlich damals durchaus noch vorhanden. Und das tat der Sache sehr gut, denn dadurch bekamen die Naziaufmärsche immer etwas selbstironisch Gebrochenes, was ihnen eine unvergleichliche Atmosphäre der Heiterkeit und

Lockerheit verlieh. Freundliche Polizisten behüteten den friedlichen Zug, indem sie antifaschistische Blockierer sanft und mit einem Augenzwinkern von der Straße prügelten. Alles war Harmonie pur.

Auf einmal unterbricht Recke unsere schönen Erinnerungen, denn der Obermeister scheint doch tatsächlich für einen kurzen Moment aus seiner Agonie zu erwachen. »Das ist so ungerecht«, stammelt er müde. »Wir wollten die doch nur vor dem linken Pack beschützen.«

Dann schweigt er und starrt mit leerem Blick über den Rasen des Polizeinervensanatoriums am Wannsee hin zum nahen Waldrand, als könne dort jederzeit ein schrecklicher Nazi zwischen den Buchen hervorbrechen und sich wie ein angeschossener Keiler auf ihn stürzen. Beruhigend streichelt Reichenberger die kräftige Hand des Patienten, die sich zitternd um die Lehne des gepolsterten Liegestuhls krallt. Hier dürfte noch eine Menge Arbeit vor ihm liegen.

Auf Lesereise

Mit Kollegen zusammen zu einer Lesung zu fahren macht meist großen Spaß. Weniger schön ist es hingegen allein. Vor dem Einchecken im Hotel und der Lesung bei Graff, der größten Braunschweiger Buchhandlung, trinke ich noch ein Bier in der Fußgängerzone und fühle mich auf einmal unerklärlich deprimiert. Vielleicht liegt es ja an der Stadt, die im Krieg praktisch komplett zerstört wurde und bei deren Anblick in meinem Kopf eine Stimme wispert: »Noch mal, bitte, noch mal – und zwar endgültig!«

Das Hotel Mövenpick hat mehr Sterne als der Himmel über Braunschweig, und ich ahne, woher die Niedergeschlagenheit rührt: Ich fühle mich rundum deplatziert. Im Zimmer schalte ich den Fernseher ein, auf dem Bildschirm erscheint: »Willkommen, Herr Hannemann!« Ein eigener Fernsehsender nur für mich – ich habe wohl einfach zu lange vor mich hin gekrepelt, um solchen Tinnef unbefangen zu genießen.

Um halb acht packe ich meinen Kram und gehe rüber zur Buchhandlung. Die Chefs begrüßen mich. Ich spüre ihre leichte Enttäuschung angesichts meiner Persönlichkeit, doch sie wahren professionell die Fassung. »Wir werden das Ding schon irgendwie schaukeln«, scheinen sie zu denken, und ich denke das Gleiche. Vier Rentner sind bereits gekommen und besetzen die vorderen Stühle.

Was ich trinken möchte? Ah, ein Bier. Der Chef trinkt eins mit, und wir reden. Er hat damit geworben, dass ich aus dieser Stadt stamme, die ich, wie er nun erfährt, mit fünf Jahren verlassen habe und mit der mich nichts mehr verbindet. Das unangenehme Gefühl verstärkt sich. Bei Lesungen dieser Kategorie komme ich mir immer noch vor wie ein Scharlatan, der sich irgendwo eingeschlichen hat, und wahrscheinlich bin ich das auch. In diesem Moment ist es kein Trost für mich, dass andere noch schlechtere Bücher noch besser verkaufen, sondern eher eine Bestätigung dafür, dass die Lüge allgegenwärtig ist. Es gibt eben nur bessere Verdränger.

Zur Selbstorientierung blättere ich den Graff'schen Veranstaltungsflyer durch. Welche Humoristen lesen denn hier sonst so? Burkhard Bohne über Gärten im Mittelalter; Sabine Wacker zum Thema Entgiften und Entschlacken mit Schüßler-Salzen; Tilman Jens über Demenz – die Kollegen scheinen hier ein Feld des Frohsinns angelegt zu haben, das ich heute nur noch abzuernten brauche. Einer der Chefs ruft mich nach vorne und stellt mich vor. Es geht los.

Zum Glück hat sich inzwischen Jungvolk eingefunden. In der ersten Reihe sitzt jedoch die alte Frau. Nicht irgendeine alte Frau, sondern *die* alte Frau. Es ist exakt die alte Frau, die sich immer und grundsätzlich direkt vorne ins Blickfeld des Autors setzt, um diesen mit einem Ausdruck aus Zorn, Trauer, Langeweile, Fassungs- und völliger Verständnislosigkeit die ganze Lesung hindurch ohne Unterbrechung anzustarren.

Der Anfang ist entsprechend zäh, dann lacht plötzlich irgendjemand wie aus Versehen, und auch andere trauen sich. Wie ein Lauffeuer geht die Botschaft durch die Reihen: Lachen erlaubt, heute lustig, Schüßler-Salze war gestern. Von da an laviere ich mich routiniert durch den Abend.

Mit den Chefs gehe ich noch kurz einen trinken. Über meinen Auftritt spricht keiner. Stattdessen unterhalten wir uns über das Publikum. Ja, die alte Frau. Die sei eigentlich immer da. Und ob ich mit dem Buch noch mehr Auftritte außerhalb Berlins hätte? Eigentlich kaum. Anscheinend war sonst keiner dumm genug, auf mich hereinzufallen, es lag halt an meiner Herkunft. Schwamm drüber, tritt sich fest, versendet sich.

Zurück im Hotel, sinkt schnell wieder die Stimmung. Ach, ich bin ein einsamer Star in einem goldenen Käfig. Soll ich noch die Minibar leeren? Ach nee, ich hab schon genug. Allein trinken ist eh doof. Oder ich könnte ja, um die Armseligkeit komplett zu machen, auf den Pornokanal schalten. Besser nicht. Harte Pornos deprimieren mich immer, ohne dass ich genau sagen kann, warum. Vielleicht fehlt mir ja die Liebe. Für mich müsste man eigens einen Porno drehen, in dem sich die beiden Protagonisten schön langsam kennenlernen, schüchtern und doch zielstrebig: zunächst nur ein Blick, ein Lächeln, ein Zwinkern, eine Woche später wie zufällig Berührungen, zwei Wochen drauf der erste scheue Kuss, Treffen im Park, rote Tulpen, leis' gehauchte Worte und dann erst Lecken, Fisten, Analsex und Gangbang an der Bushaltestelle. Aber wahrscheinlich lassen die den Anfang einfach nur weg, weil der Film sonst zu lang wird, das muss man auch verstehen.

»Schickes Hotel«, simse ich gelangweilt nach Hause.

»Nimm alles mit, was du kannst«, bekomme ich prompt zur Antwort. Ein tröstlicher Gruß aus einer vertrauten Welt.

Glauben im Saarland

Die nunmehr sechste Folge zu Ehren unseres putzigen niederfranzösischen Landverschnitts sei Religion, Kultur und den schönen Künsten gewidmet, zu denen dort neben Malen und Rechnen wunderbarerweise auch das Quetschen von Eberhoden zählt.

Die Religiosität im Saarland ist sehr ausgeprägt: Jedes Mal, bevor auch nur eine Stinkbeere – die beliebteste Strauchfrucht zwischen Saarstrunz und St. Pöbel – gepflückt, eine Kuh beschlafen oder ein Fememord begangen wird, setzt sich der Saarländer zum Gebet in eine der zahllosen stillgelegten Bushaltestellen, woselbst er einen Sermon aus hohen Winsellauten ausstößt. Der wasserfranzösische Text bittet lapidar um eine gute Froschernte, Unheil für den Nachbarn sowie Glück im Wurstpeterspiel.

Dieses wie auch andere Gebete entstammen dem »Buch der doppelten Erkenntnis«. Die Saarlandbibel ist eine Melange aus Koran, Mao-Bibel und Micky Maus – das gibt der Saarländer gerne zu, schließlich ist er stolz auf seine Belesenheit. Ich zitiere hier kurz aus einer zentralen Stelle, dem achten Pfefferpsalm aus dem siebten Buch Müller, einem der dreihundert apostolischen Lustknaben des Nationalheiligen und Religionsstifters der Kirche der Untoten Wiederkäuer, Frère Schacke: »Denn die du triffst, tausendermal in Hütt oder Garasch, die sind tausendermal gesehen, als da die, wo vor ihrer Hütt toben, turteln und tanzen so zum Abbilde seiner selbst, ihm, der da die wo du tausendermal seihet die Supp in Hütt und Garasch, er, der Tausendermalige, Tausendfreund, Tausendschön ...«

Starker Tobak. Nicht umsonst sind die Priester im Saarland die Einzigen, die lesen und schreiben können – alle anderen gucken sich immer nur die Bilder an. Auch der Alltag ist von den strengen Glaubensregeln geprägt. So gilt der Maulwurf als unreines Tier. Ihm wird nachgestellt, wo immer man seiner habhaft wird. Sodann wird er auf irdenem Tableau durch den Weiler getragen und dem Dorfvorsteher mit Schmackes an die Wand geschmissen. Diejenigen Maulwürfe, die das überleben, gelten hinfort als rein, doch ist dergleichen Geschehen bislang nicht überliefert. Des Weiteren verbieten die Untoten Wiederkäuer das Wurstpeterspiel bei Einsätzen über einer Milliarde saarländischer Hilfsrubel (umgerechnet 0,12 Cent), das Besteigen des Hohen Tattergreises an ungeraden Tagen sowie das Befahren von Einbahnstraßen mit halben Melonen auf dem Rücksitz unter Heroineinfluss. Zufällige Besucher des Saarlands staunen über die Kruzifixe mit einem unförmigen schwarzen Wesen an jeder Hauswand und in jedem Zimmer: Hierbei handelt es sich um Kevin, Frère Schackes eingeborenen Sohn, der in jungen Jahren von einem Blessgeier in ein Fass mit Teer geworfen wurde. Nach seiner Kreuzigung, im Grunde nichts als einem dummen Unfall beim missglückten Versuch, ein IKEA-Regal zusammenzubauen, wurden allen Saarländern sowohl ihre Sünden als auch sämtliche Punkte im Geschlechtsverkehrszentralregister zu Saarflens erlassen.

Von der Religion nun zur Kultur des Saarlands, die vor allem geprägt ist durch immense Wasserscheu. Der Saarländer hat schreckliche Angst vor dem Wasser – Inbegriff des Bösen ist ihm naturgemäß das Meer: Der Verkündung nach wird an dem Tag, an dem das Meer das Saarland erreicht, alles zu spät sein – eine Ansicht, die andernorts sogar seriöse Klimaforscher teilen. Ob Malerei, Literatur oder Theater – sie alle thematisieren in Wort, Bild oder Sprache diese gigantische Bedrohung. Im ganzen Land sind die Wasserhähne versiegelt, das Schwimmen gilt als Teufelswerk – nicht umsonst wurden im Mittelalter auf den Wiesen vor Saarschnuffel die Hexen gewaschen statt verbrannt. Mehr gibt es zur Kultur nicht zu vermelden.

Mit dem Fleisch der Feinde

»Dass da überhaupt keiner dran denkt, dass hier in Somalia schließlich auch ganz viele Katzen leiden!«

Ilsemarie Schlaudraff schüttelt verständnislos den Kopf, ihre langen grauen Strähnen flattern im Wüstenwind. Die beachtliche Matte weist nicht wenige Einschusslöcher auf, untrügliche Zeichen dafür, wie oft es bereits knapp geworden ist für die Somaliabeauftragte der internationalen Katzenschutzorganisation »Charité Chat«.

Doch scheinbar ungerührt hält sie unter widrigsten Umständen eisern die Stellung. Und zwar buchstäblich, denn die engagierte Tierschützerin hat zusammen mit etwa zwanzig Mitarbeiterinnen ihr Hauptquartier in einem ausgebrannten chinesischen Kampfpanzer aufgeschlagen. Ehe sie ihre Arbeit hier im Stich lässt, schulen die somalischen Piraten auf Altenpfleger um.

»Vor allem in Mogadischu gibt es viele Streuner. Ich verstehe nicht, warum sich kein Schwein um sie kümmert«, klagt die energische Endfünfzigerin und scharrt mit ihren schweren Trekkingsandalen blitzschnell ein tiefes Loch der Verärgerung in den blutdurchtränkten Lehmboden. »Die Menschen denken hier nur an ihresgleichen. Eine abscheuliche Mentalität.«

Empört zählt sie die Versäumnisse der einheimischen Bevölkerung auf: Niemand füttert die Tiere, kümmert sich um tierärztliche Behandlung oder die Eindämmung ihrer uneingeschränkten Vermehrung. Am skandalösesten jedoch sei, dass hier bedenkenlos ein grausamer Bürgerkrieg geführt werde, der die Katzen nicht nur nichts angehe, sondern dass infolgedessen auch noch überall geschossen werde, ohne die geringste Rücksicht auf die Tiere zu nehmen.

»Wenn ›Charité Chat‹ nicht wäre, würde hier eine tierische Katastrophe drohen«, erläutert Schlaudraff ihr Handeln: So zweigt die Organisation von sämtlichen UN-Hilfslieferungen an Obst, Gemüse und Getreide regelmäßig zwei Drittel für ihre Schützlinge ab. »Anfangs dauert es immer eine Weile, bis sich die Kerlchen an die rein pflanzliche Diät gewöhnt haben, aber am Ende fressen sie doch alle.« Des Weiteren werden spendenfinanzierte Tierärzte und -psychologen, Entwurmungskuren, kugelsichere Katzenpullover sowie Kondome eingeflogen, in deren Gebrauch die Kater von den Helferinnen eingewiesen werden. Das gefällt nicht unbedingt jedem, wie deutliche Kratzspuren an Gesicht und Unterarmen zeigen, »aber es muss nun mal sein«, betont sie lachend und mit einem unerwartet schelmischen Zug um die Augen. Fast wirkt sie in diesem Moment wie ein fröhliches großes Mädchen mit grauem Haar.

Doch gleich wird sie wieder ernst. Natürlich sei vieles unter den gegebenen Umständen nicht einfach. Man müsse improvisieren, koalieren und zu Kompromissen bereit sein. So kooperiere sie tatsächlich noch am besten mit den diversen Warlords, erzählt sie, und wir erfahren überraschende Details aus der vergleichsweise unromantischen Alltagspraxis der Tierretter. Die somalischen Kriegsherren seien nämlich in erster Linie an Mord, Vertreibung und Vergewaltigung von Menschen interessiert, während sie sich andererseits oft als überraschend tierlieb entpuppten: »Nicht wenige füttern sogar die Hunde mit dem Fleisch ihrer Feinde. Das muss man mal gesehen haben.«

Den vorsichtigen Einwand, dass es sich bei den angesprochenen Herrschaften, unserem unmaßgeblichen Informationsstand nach, um widerwärtige Massenmörder handelt, kontert Schlaudraff geschickt mit einer Redensart: »Einem geschenkten Gaul haut man nicht aufs Maul!«

Das tierfreundliche Bonmot kommt uns vage bekannt vor: »Voltaire?«, haken wir nach.

»Nein, Glückskeks«, erwidert Schlaudraff. »Den habe ich beim Fegen in unserem Wohnpanzer gefunden: ein Zeichen …«

Ein scharfer Knall unterbricht sie mitten im Satz. Der uns begleitende Fotojournalist Frank Krüger (37, extrem glücklich verheiratet, vier großartige Kinder) bricht gurgelnd über einem Kätzchen zusammen, das er gerade beim Verzehr einer Portion Rucola aus UN-Beständen ablichten wollte. Mit einem Aufschrei stürzt sich Schlaudraff auf den Haufen Elend und zerrt mit schier übermenschlichen Kräften den sterbenden Zweizentnermann beiseite. Erleichtert atmet sie auf: Wie durch ein Wunder ist dem kleinen Tier nichts passiert. Offenbar hat es sich exakt in der großzügigen Vertiefung zwischen Kameratasche und klaffender Schusswunde verbergen können.

»Das war knapp.« Ilsemarie Schlaudraffs Stimme zittert hörbar. »Man sieht hier jeden Tag so viel Schreckliches, aber an manches werde ich mich wohl trotzdem niemals gewöhnen.« Zum ersten Mal wird deutlich, dass selbst für diese bisher so überaus stark und souverän wirkende Frau irgendwann die Grenze des Erträglichen erreicht ist. Am Abend im Camp plündern wir die eiserne Bierreserve.

Damals bei uns zu Hause II:
Besuch einer Hure

Nach dem Frühstück nahm Vater mich beiseite: »Es wird höchste Zeit, dass du mal was mit einer Frau hast.«

»Wie mit einer Frau? Was mit einer Frau?« Ich verstand nur Bahnhof. Wie »was«? Was »Frau«?

Der Alte zwinkerte verschwörerisch. »Na, du weißt schon: Knickknack und so.«

Ich wusste nicht. »Knickknack«? Wie meinte er das? Und was sollte »und so« sein? Knackknick etwa? Vater äußerte sich oft unkonkret.

»Ich habe dir eine Hure bestellt«, führte Vater näher aus, »die wird dich in die Geheimnisse der Liebe einführen. Pass auf: Hier hast du zehn Euro. Damit gehst du runter zur Tanke und besorgst einen hübschen Blumenstrauß und so. Dann kommst du wieder hoch, reinigst dein Genital fein säuberlich mit Gallseife und ziehst dir einen frischen Schlüpfer an. Ich kontrolliere nachher alles. Um fünf kommt die Dame. Sie heißt übrigens Moni.«

Jetzt war ich aber mächtig aufgeregt. Wie weggetreten stolperte ich die Treppe hinunter. Auf dem kurzen Weg zur Tanke wurde ich von mehreren Autos angefahren, von denen ich jedoch keinerlei Notiz nahm. Im Verkaufsraum zog ich den schönsten Strauß aus dem Blumenbottich, wählte des Weiteren eine kleine Schachtel Pralinen sowie eine Taschenflasche Jägermeister aus und ließ mir alles in Geschenkpapier einpacken.

Vater lobte mich dafür, als ich zurückkam. »Ich sehe schon, du verstehst es mit den Weibern«, meinte er, »Knickknack, Knickknack, Knickknack!« Ich duschte kurz, und in der Küche, wo das Licht am besten war, prüfte er mein Genital auf Sauberkeit. Alles war in Ordnung. Moni konnte kommen.

Bereits um kurz vor fünf blubberte vor dem Haus der mächtige Vierundzwanzigzylinder des Hurenmobils. Ein ohrenbetäubendes Reifenquietschen, metallisches Scheppern, heiser gebrüllte Flüche und schon klingelte es Sturm. »Ich lass euch dann mal alleine«, murmelte Vater hastig. Er drückte noch kurz auf den Öffner, ehe er sich mit ein paar zusammengeknoteten Tischtüchern aus dem Fenster und auf die Straße abseilte. Damit hatte ich nicht gerechnet. Ich war davon ausgegangen, dass er dabeibleiben und mir alles erklären würde. Nun war ich auf mich allein gestellt.

Als die Hure mit der Faust wuchtig an die Wohnungstür hämmerte, war ich nahezu starr vor Angst. Dennoch öffnete ich wie in Trance, und sie hinkte herein. Da stand sie nun im Flur. Ihr wuchtiger Schädel war kahlgeschoren und vernarbt, an der einen Seite hing ein halbes Ohr, das andere fehlte. Sie bleckte mich an – zwischen ihren großen, schadhaften Zähnen staken die Reste zerkauter Asseln und Silberfischchen wie in brüchigem Gemäuer. Sie hätte meine Großmutter sein können, und ich fürchte, sie war es auch.

Wie einen Schutzschild hielt ich ihr die Sachen hin, die ich für sie gekauft hatte. Das verschaffte mir ein paar wertlose Sekunden. Sie fraß erst die Blumen, dann die Pralinen mitsamt der Schachtel, biss der Flasche den Hals ab und spülte alles mit Jägermeister runter. Danach warf sie sich auf mich und bearbeitete mich mit Schlägen und Fußtritten. Wimmernd kauerte ich am Boden, Blut floss aus Ohren und Nase – ein Schädelbasisbruch vermutlich. »Ficken, bumsen, auf die Fresse …!«, grölte sie dabei wie von Sinnen: Die Geheimnisse der Liebe waren fast noch schlimmer, als ich sie mir in meinen kühnsten Alpträumen vorgestellt hatte. Wie sehnte ich mich nun nach dem Schutz des klugen Vaters, der, wie ich aus dem Augenwinkel wahrnahm, uns vom gegenüberliegenden Dach aus mit dem Fernglas beobachtete.

Als die Hure mich für tot hielt, durchsuchte sie sämtliche Zimmer und Schränke nach Geld und Essbarem. Bevor sie ging, zündete sie noch das Haus an. Meinen achtundvierzigsten Geburtstag hatte ich mir jedenfalls anders vorgestellt.

Geheimnisvoll ins Leere

Die häufigsten Motive in filmischen Literatenporträts sind: die Brücke, die Treppe, der Park/Wald, das Café, das Arbeitszimmer sowie, als absoluter Topfavorit, der Fluss.

»Alles ist im Fluss«, wird hier symbolisch angedeutet, »die Gedanken, die Worte, das Leben.« Die Schriftsteller haben studiert und wohnen in Berlin. »Berlin ist ein guter Ort«, sagen sie oder sagt eine Stimme aus dem Off. Die darf nicht fehlen, denn sie muss alles erklären. Die Schreiber selbst schweigen nämlich die meiste Zeit, während sie bedächtig über Brücken tigern und geheimnisvoll ins Leere blicken. Es soll so aussehen, als ob sie sich pausenlos irgendwas Tolles ausdenken. Der Blick ist dabei stets leicht nach oben gerichtet. Man fragt sich, warum sie nicht ständig stolpern oder in Hundescheiße treten: die Literatur – ein Wunder.

Oft sieht man die Denker unmotiviert in Büchern oder Zeitungen blättern. Um sie herum ist niemand, selbst im Café nicht. Man muss für den Film die Gegend weiträumig abgesperrt haben, es ist ohnehin der Fluch der Einsamkeit, der sie zum Schreiben treibt. Das Arbeitszimmer. Regale voller Bücher. Bildschirm, Tastatur. Sofa, Sessel. Bild, modern. Hier fängt der Literat auf einmal an zu labern, und wenn der Literat einmal angefangen hat zu labern, hört er nicht so schnell wieder auf. Er ist sehr klug. Ist es eine Sie, ist sie meist noch klüger als er. Das Fräulein – ein Wunder.

Reitet der Autor den edlen Esel Ehrlichkeit, müssen natürlich andere Bilder her: Brücke und Treppe werden durch *die Straße* ersetzt, den Hinterhof, den Schrottplatz am Kanal. Verfallen und doch malerisch. Auch dort ist es menschenleer, blickt der unkorrumpierte Künstler schweigend und leicht nach oben in die Ferne und denkt vermutlich an authentische Straßenschreibervokabeln wie »Kacke, Kotze, Ficken ...«. Da werden die Spießbürger aber mächtig zu schlucken haben. Ein Arbeitszimmer wird nicht gezeigt, stattdessen wird direkt vor Ort losgelabert. »Neukölln«, heißt es dann zum Beispiel, »ist rau, ist ehrlich – hier erhält man subfinale Einblicke in die wirklichen Problemfelder der Gesellschaft.« Ein Hund macht sich noch gut. Das wirkt echt, wirkt lebensnah. Die Realität – ein Wunder.

Neidvoll muss ich eingestehen, dass auch ich gerne so ein ganz persönliches Autorenporträt hätte:

Mit zwei vollen Mülltüten schlurfe ich die Treppe runter. »Er wohnt im vierten Stock«, sagt eine Stimme aus dem Off, »und bringt trotzdem den Müll noch selber runter.« Von Anfang an wird klar: Mein zentrales Thema ist der Alltag und dessen akribische Dokumentation. Unten im Hof verharre ich vor zwei gleich aussehenden Müllcontainern. Offenbar kann ich mich nicht entscheiden, in welchen ich den Müll werfen soll. Dabei blicke ich leicht nach oben in die Ferne. Diese Szene könnte man nun mit so einer elektronischen Dengelmusik unterlegen. Dazu die Stimme aus dem Off: »Hier, vor diesen Müllcontainern entstehen die meisten seiner Ideen.«

Jetzt sollte jemand im Hochparterre mit einer Maschinenpistole aus dem Fenster feuern. So als unerwarteter ironischer Bruch. Natürlich werde ich nicht getroffen. Die Kugeln schlagen links und rechts von mir kleine Steinsplitter aus dem Boden. Ich schenke ihnen keine Beachtung. Ich denke nach. Dann mache ich mir rasch Notizen. Die Stimme aus dem Off: »Wo er geht und steht, macht er sich Notizen.«

Schnitt. Ich stehe in einem abgedunkelten Raum voll geköpfter Kuscheltiere. Sägespäne rieseln mir aus dem geöffneten Mund. Die Schnittfolge wird schneller: ich in einem Gräberfeld, in der Achterbahn, vor Edeka. Mal mit einem Stahlhelm auf dem Kopf, einer Blume im Haar oder in einem riesigen Rattenkostüm steckend. Völlig beliebig, jedoch jede Menge Sinn suggerierend. Die Stimme aus dem Off könnte auf einmal verstummen – und man denkt automatisch, sie schweigt besonders bedeutungsschwer, dabei weiß sie in Wahrheit bloß nicht, was der Scheiß eigentlich soll. Womöglich fragt sie sogar: »Was soll der Scheiß?« So wird alles quasi noch ein weiteres Mal gespiegelt – Wahnsinn! Daraufhin könnte ich mich vielleicht mit der Stimme prügeln. Das käme recht hemdsärmelig und viril rüber, nicht so durchgeistigt, und auf erfrischende Weise volksnah. Ich bin nun mal ein Poet der Straße, jedenfalls behaupte ich das.

»Literatur muss bluten, schwitzen, arbeiten«, würde eine zweite Stimme – rau, gemein, aber irgendwie interessant – aus dem Off erklären, »ihr Fotzenvögel!« Überhaupt sollten sich besser gleich die beiden Stimmen gegenseitig verhauen – damit wäre ich selbst fein aus dem Schneider.

Später gehe ich natürlich doch noch durch eine

menschenleere Parkanlage, über eine Brücke, und bleibe dort stehen. Erst starre ich leicht nach oben in die Ferne und dann ins Wasser. Ich trage einen eleganten dunklen Mantel und in den Händen den Müll. Den habe ich immer noch bei mir – ich konnte mich für keinen der Container entscheiden.

»Er konnte sich für keinen Container entscheiden«, nuschelt aus dem Off nun wieder die erste, jetzt zahnlose Stimme: »Entscheidung ist für ihn Regression.«

Der Müll. Ein Symbol. Für was? Nun, man wird sehen. Ich werfe den Müll in den Fluss und sehe zu, wie er langsam versinkt. Elektronische Dengelmusik. Ende.

Besuch bei den Ostverwandten

Es muss so um das Jahr 1978 herum gewesen sein. Wir hatten uns mit dem Auto auf den Weg gemacht, um unsere Ostverwandten zu besuchen. Vater saß am Steuer, meine Mutter vorne neben ihm, und auf der Rückbank, eingezwängt und fast begraben von den vielen Hilfsgütern, meine Schwester Hanne und ich. Auch der Kofferraum war randvoll mit Schiffszwieback, Pökelfleisch, Hundefutterdosen und vor allem Klopapier. Die Versorgung mit Klopapier war laut meinem Vater zu jener Zeit das vordringliche Problem im Osten.

Prostzella-Klabusterhausen, wo die Ostverwandten lebten, lag nicht weit vom Grenzübergang Ost-Schweiningerode entfernt. »Eine Kleinigkeit«, sagte Vater etwas lauter und entschlossener als nötig und wie um sich selbst zu beruhigen, als wir uns der mit Wachtürmen, Schießscharten, siedenden Pechtöpfen und Stacheldrahtverhauen bewehrten Zonengrenze näherten.

»Ost-Schweiningerode« stand auf dem mit riesigen Scheinwerfern ausgeleuchteten Schild über der Grenzstation und nur wenig kleiner darunter: »Kombinatshauptstadt des sozialistischen Unterbezirks Kleintodesleben und Friedenswall im Kampf des herrlichen Sozialismus und zu Ehren des Arbeiter- und Bauernstaats der Deutschen Demokratischen Republik gegen den imperialistischen Klassenfeind und Plaste und Elaste und Tralala.« Das galt uns.

»Nur eine Kleinigkeit«, wiederholte Vater. Dass er dabei unbewusst Stücke aus dem Lenkrad unseres Daimlers pulte, strafte den Inhalt seiner Worte Lügen. Dennoch waren wir zu diesem Zeitpunkt durchaus guten Mutes. Wir ahnten ja nicht, dass wir Prostzella-Klabusterhausen erst viele Jahre später erreichen sollten, nach der Wende und als gebrochene Menschen.

»Ich könnte ja den Beamten fragen: ›Wollen Sie ein Bier, Mann?‹«, versuchte Vater sogar einen Scherz, als wir uns als letztes Gefährt in die Schlange der anderen bis zum Dach mit Klopapier beladenen Westwagen einreihten, »Ein Bier, Mann, haha, ein Biermann …«

»Schscht«, zischte Mutter scharf, »wir wissen doch gar nicht, wie weit die hören können. Die haben hier doch bestimmt überall so Abhörzeugs!« Sie habe jedenfalls keine Lust, von einer Kalaschnikowsalve durchsiebt auf dem bröseligen Asphalatersatz von Ost-Schweiningerode zu verbluten. Im Übrigen seien das hier keine Beamten, sondern Volksgrenzpolizisten oder so, und er, der Vater, dürfe sie auf keinen Fall »Beamte« nennen.

»Ist ja schon gut, Erika«, entgegnete Vater, um dann so leise, dass sie es nicht hören konnte, zu murmeln: »Eine Kleinigkeit.«

Die Autos vor uns wurden überraschend zügig abgefertigt. Schon standen wir neben dem Fensterchen der Grenzkontrolle.

»Guten Tag«, sagte Vater. Mit zitternden Händen reichte er unter demütigenden Verrenkungen die Papiere unaufgefordert durch die Luke. Diese war eigens erhöht in die Baracke eingelassen, um den Einreisenden zu demütigenden Verrenkungen zu zwingen.

Der Grenzer grüßte nicht zurück. »Haben Sie Waffen dabei?«, fragte er mürrisch. »Kinder, Funkgeräte, Sprengstoff, Munition?«

»Nur Kinder.« Vater grinste.

»Was gibt es da zu grinsen, Klassenfeind?« Der Grenzer zog die Augenbrauen hoch.

»Nichts«, beeilte sich Vater zu sagen, »gar nichts, Verzeihung!«

Während die Personaldokumente parallel zu uns auf einem kleinen Fließband weiterfuhren, bedeutete uns der Mann per Handzeichen, die zwanzig Meter zum nächsten Schalter vorzufahren. Dort händigte uns ein anderer wortlos die Papiere aus.

»Hab ich's nicht gesagt?«, triumphierte Vater, als wir weiterfuhren, »eine Kleinigkeit.« Ströme von Schweiß badeten seine selbstgerechten Züge. Am Straßenrand kündete ein eiterfarbenes Werbeschild von der Überlegenheit ostzonaler Produkte: »VEB Körniges Klopapier aus Kackschwitz: Fortschritt und Aufbau zum Wohle der Bürger der DDR!« Vater lachte überheblich.

»Stoi!«

Nach nur wenigen Metern war die Weiterfahrt beendet. Ungläubig glotzten wir in das vor langen spitzen Eisenzähnen starrende Maul einer quer über die Fahrbahn geschobenen Stalinorgel.

»Eine Kleinigkeit«, wisperte Mutter tonlos. Unter einem Berg Klopapier begann Hanne still zu weinen.

Eine Kompanie vom Genuss minderwertiger Wurstwaren sichtlich zerfressener Volksgrenzpolizisten scheuchte uns aus dem Auto. »Wollen Sie ein Bier, Mann?«, zwinkerte der Anführer Vater grimmig zu.

»Dawai!« Wir mussten uns in einer Reihe aufstellen, während die Grenzer den Benz bis auf die letzte Schraube und Dichtung zerlegten.

»Aber der Kollege da hinten hat doch gesagt, wir dürften weiterfahren«, wagte Vater Widerworte.

»Das ist kein Kollege«, polterte der Grenzoffizier, »wir leben in einem Arbeiter- und Bauernstaat!«

»Also gut«, verbesserte sich Vater, »der Bauer da hinten hat gesagt ...« Weiter kam er nicht, denn der Kolben der Kalaschnikow traf ihn exakt an der Schläfe.

Die Grenzschützer zerrten ihn auf die Pritsche eines IFA W50 und bedeckten seinen leblos wirkenden Körper mit einer Plane. »Frau, komm!«, war nunmehr Mutter an der Reihe. Sie folgte den Männern in das Grenzgebäude. Mit einem Mal waren wir allein und elternlos.

Aber zum Glück nicht lange: Wir wurden von verlässlichen Parteigenossen adoptiert und im Geiste des Sozialismus erzogen. Ich lernte Wehrsport, Russisch und Nacktbaden. In den Sommerferien hütete ich Republikflüchtlinge an der Berliner Mauer, im Winter schnitt ich Klopapier aus Fehldrucken des »Neuen Deutschland« zurecht. Hanne wurde zur Hammerwerferin ausgebildet und starb mit neunzehn Jahren überraschend an einem Herzinfarkt. Die Wende kam für sie zu spät.

Im Jahre 1990 traf ich endlich Vater wieder. Zunächst erkannte ich ihn kaum, denn er war ein Wrack geworden: das Haar schlohweiß, die Hände zitterten. Sobald jemand in seiner Nähe die Wörter »Bauer«, »Grenze« oder »Klopapier« aussprach, wand er sich in Krämpfen auf dem Boden und wimmerte stundenlang. Es dauerte Jahre, bis ich dem stummen Mann entlockt hatte, wo er damals abgeblieben war: In einem mittelsibirischen Lager hatte er Uran geschürft, erst mit bloßen Händen und nach deren Verlust am Ende mit der Zunge. Erst vor zwei Monaten hatte man ihn begnadigt. Unsere Verwandten in Prostzella-Klabusterhausen hatten offenbar ein gutes Wort für ihn eingelegt.

Mutter sahen wir niemals wieder. Eine Kleinigkeit.

Im Saarland ist Musike

Der Juli ist die Zeit, in der im Saarland das junge Getreide auf den Feldern angezündet wird, um an den »Superschmacht«, die große Not des Jahres 1832, zu erinnern: Ein Urenkel des Kardinals Richelieu absolvierte rauchend einen Kontrollgang durch die Gemarkungen der damals frisch erworbenen Ostprovinz und brannte durch unvorsichtiges Hantieren mit der glühenden Kippe versehentlich das ganze Land ab. Auch Saarbrücken, wegen vermeintlicher Erdbebengefahr nur aus Pappmaché gebaut, wurde vollständig zerstört. Bis heute hält sich bei den Billigfranzosen hartnäckig das Gerücht, das Unglück sei mit Absicht herbeigeführt worden – sicher mit eine Ursache für die Abspaltung vom Katholizismus und die Gründung der Kirche der Untoten Wiederkäuer.

Auf wunderbare Weise nahm sich der saarländische Nationalsänger Jacques Schönhuber des Themas an. Unter dem Titel »Cordon bleu à la chérie coiffeuse« entwarf er das musikalische Epos des Saarlands schlechthin. So weiß jedes Kind zwischen Saarfack und Langweiler die ultimative Hymne über den Superschmacht, die Liebe, den Vorteil linksdrehender Deckendübel sowie die Schönheit des Wurstpeterspiels textsicher mitzuträllern. Bis heute beschließt der saarländische Rundfunk sein Nachtprogramm mit dem Lied, das die Beatles zu ihrem Hit »Michelle« inspirierte. Völlig überschätzt ist hingegen die klägliche Coverversion von Serge Gainsbourg, »Je t'aime … moi non plus …«, in welcher der dauergeile Kettenraucher im Duett mit Jane Birkin doch tatsächlich auf denkbar klägliche Weise versucht, Schönhubers herbmännliches Timbre zu imitieren, das durch ununterbrochenes Gurgeln mit Blubberschweppes mittlerweile dem Brunftgesang des Blessgeiers ähnelt. Zu Recht werden bei Konzerten des Saarbarden Gainsbourg-Puppen aufgetankt, bepinkelt und verbrannt. Jacques Schönhuber ist im Saarland derart populär, dass seine sparsam ins Publikum geschnipsten Popel bei E-Bay zu Höchstpreisen gehandelt werden.

Die Atmosphäre bei den Konzerten ist ohnehin legendär, wie ein Bericht aus dem kostenlosen Anzeigeblättchen »Die Zeitung«, eine andere Zeitung gibt es im Saarland nicht, beweist: »Es ist dunkler Abend geworden in der altehrwürdigen Saarkräher Abstiegskampfarena am rechten Ufer der Pissbach. Schönhuber lässt furios die alte Stalinorgel jaulen, Taschentücher werden angezündet, Margarinebrote in die Luft und gebrauchte Slipeinlagen auf die Bühne geworfen; alte Mädchen weinen hemmungslos, Dutzende fallen in den bedrückend schönen Refrain ein:

›Allons enfants à la bistro-oho – Süperschmacht, güte Nacht, popo … ‹«

Im Anschluss kocht die Stimmung endgültig über, ein Feuerwerk aus Handgranaten dänischer Produktion explodiert – der Abmarschweg der Konzertbesucher wird von prächtig geschmückten brennenden Autoreifen taghell erleuchtet. Bis zum Morgen kreisen in jeder Hütt die Humpen mit Blubberschweppes, dann beginnt bereits das nächste Konzert, denn Jacques Schönhuber singt jeden Tag.

Entnervt soll ihn einst der andere saarländische Nationalheld, Frère Schacke, aufgesucht und um Mäßigung gebeten haben. Die anschließende Keilerei endete unentschieden: Schönhuber beklagte einen Haarriss im Mittelhandknochen der Führhand, Schacke eine angestauchte Nebenhode. Seitdem sind sie jedoch die allerbesten Freunde, denn so hinterlistig er auch sein mag, nachtragend ist der Saarländer nicht.

Neulich in der Schweiz

Sobald der Zug die Grenze zur Schweiz überquert hat, rasen schneebedeckte Achttausender wie eine einzige Wand aus Granit und Gämsen auf uns zu und verschlucken uns mit ihren langen Tunneln. An den Tunnelinnenwänden prangen von Scheinwerfern angestrahlte Riesenplakate mit Heidi, der Schweizer Nationalheiligen, die auch tatsächlich sehr gut aussieht. Mal schiebt sie sich kokett ein großes Stück Käse in den feuerroten Mund (daher auch das berühmte Kocette, ein Schweizer Nationalgericht aus ins Feuer gefallenem Käse), mal sitzt sie neben dem Geißenpeter auf dem Beifahrersitz eines allradbetriebenen Geländewagens, und mal räkelt sie sich bäuchlings nackt auf einer Bergblumenwiese. So etwas Schönes habe ich lange nicht gesehen. Der Tunnel ist zu Ende: Im Wagen wird es wieder hell, gerade noch rechtzeitig gelingt es mir, die Hand aus der Hose zu ziehen. Fahrkartenkontrolle.

Nur wenige Minuten später hält der Zug direkt vor dem Anwesen meiner Gastgeber, die dort eine kleine, aber feine und sehr saubere Lesebühne betreiben. In der Schweiz ist alles bestens organisiert. »Holiduhööö, sch's Ueli!«, begrüßen mich Urs und Pflümli, meine Gastgeber, am Eingang ihres aus einem gigantischen Käse geschnitzten Häuslis. »Danke, du mich auch«, antworte ich mit dem neudeutschen Gruß, damit wir uns gleich richtig verstehen.

Auch die Kollegen sind schon da. Rütlikon, der Kunstschwörer, und Bernhardina, die aus zwei Metern Entfernung einem Apfel genau zwischen die Augen schießen kann. Sofort wird kräftig aufgetischt: In einem Kessel mit geschmolzenem Käse schwimmen mehrere Murmeltiere und kämpfen einen relativ hässlich anzusehenden Todeskampf, aber nicht zu Unrecht heißt es: »Wer kein Tier sterben sehen kann, sollte auch kein Fleisch essen.«

Bei Tisch vergessen alle immerzu, dass ich Schwyzerdütsch nicht besser verstehe als zum Beispiel Niederländisch, so dass mir nur unverständliche Bruchstücke im Ohr herumsummen: »… Ueli, Arschlöchli, Schiieeß-Dütsche, Schiieeß-Ueli, Bloedli, Granatsarschlöchli, Drecksdütsch …« Man unterhalte sich gerade über den vor allem im Winter skandalös rutschigen Marmorboden vor der Zuger Kantonalbank, wird mir auf meinen fragenden Blick hin erklärt.

Und die Fragezeichen in den Augen werden während der Veranstaltung eher noch größer: Wenn die Kollegen lesen, verstehe ich allenfalls Bahnhöfli, und wenn ich lese, blicken mich die Zuhörer die ganze Zeit über durchaus freundlich an, bleiben aber stumm. Das verunsichert mich. »Verstehen Sie, was ich sage?«, frage ich mehrmals betont langsam und überdeutlich akzentuiert. »Verstehen Sie Deutsch?« Niemand antwortet, doch die Blicke werden noch freundlicher, so freundlich, dass sie fast schon wieder unfreundlich wirken.

Nach der Lesung spricht mich Rütlikon an: Ich würde so langsam lesen für einen Deutschen. Das habe ihn überrascht. Erst als ich ihm die im Deutschland der 60er Jahre gängige Erziehungsmethode erläutere, kleinen Kindern monatsweise die Zunge durchs Gitterbett zu flechten, damit sie Ruhe und Contenance erlernten, beginnt er zu verstehen.

Am nächsten Morgen reden wir über die berühmte Schweizer Basisdemokratie. Die Einführung des Frauenwahlrechts habe sich nicht bewährt, erfahre ich auf Nachfrage, denn die Gesamtwahlbeteiligung habe als Folge dieser unorthodoxen Maßnahme leider nachgelassen. Zum Glück aber spiele das Wahlergebnis ohnehin keine Rolle, da automatisch sowieso immer dieselben Parteien mit der immer gleichen Anzahl an Sitzen im Bundesrat vertreten seien. Nur im Falle einer mindestens zweistelligen Prozentverschiebung würde eine Neuverteilung der Sitze an natürlich weiterhin dieselben Parteien erwogen, was dann freilich schon fast eine kleine Revolution wäre. Im Grunde ist die Schweiz wie die DDR, nur eben mit Kapitalismus statt Sozialismus, Käse statt Wurst und Murmeltieren statt Pionieren.

Nach dem Frühstück mache ich mich auf den Heimweg. Am Bahnhof staune ich über den Preis für vier belegte Brötchen sowie eine kleine Flasche Mineralwasser. Sollte ich aufgrund eines sprachlichen Missverständnisses soeben die gesamten Goldreserven des Landes aufgekauft haben? Aber wann und wie bekomme ich die, und warum lagern sie ausgerechnet hier, in der kleinen Bahnhofsbäckerei eines unbedeutenden Provinzstädtchens? Ich frage nach.

»Arschlöchli«, bekomme ich wiederum zur Antwort, das gleiche Wort, das ich bereits gestern bei der Diskussion über den rutschigen Marmorboden vor der Zuger Kantonalbank kennengelernt habe – lang-

sam scheine ich mich ein bisschen in die Sprache rein-
zufrickeln.

Für einen Kaffee bleibt leider keine Zeit, aber ich
kann mir ja einen im Zug bestellen. Denke ich. Nur
wie sich herausstellt, kann ich ihn zwar bestellen,
aber natürlich nicht bezahlen. Nach zähen Verhandlungen nimmt der Verkäufer wenigstens Laptop,
Schuhe und zwei Goldzähne in Zahlung. In jeder Be-
ziehung erleichtert fahre ich zurück über die Grenze.
Marschmusik ertönt.

Wotan, Wirrkopf und Wendelina

Fast dreißig Jahre lang fuhr ich regelmäßig zu den Wagner-Festspielen nach Bayreuth. Allein schon das Ritual der mühseligen Anreise machte die Aussicht auf den Genuss germanischen Getöses zu Ehren des ambitionierten Antisemiten umso verlockender. Wie jubelte jeden Sommer mein Herz, sobald in der Ferne endlich die grauen Neubauten am Rande des gebenedeiten oberfränkischen Kuhkaffs auftauchten.

Ausgestorben lag der Parkplatz des Baumarktes in der flirrenden Nachmittagssonne. Am blauen Augusthimmel langweilten sich die Wolken schier zu Tode, nur ein paar Staubmäuse badeten mit leiser Wonne in einer schimmernden Fata Morgana. Ferienzeit in Bayern. An dieser Stelle nahmen mich stets Wotan, Wirrkopf und Wendelina in Empfang, die Urstiefkinder Richards, die ich schon beim ersten Presseempfang kennengelernt hatte. Und ab ging es in die »Pension Tannhäuser« der alten Frau Greiner, der (und ihrer vorzüglichen Marmelade: Bad Schwartau, Aprikose) ich seit meinem ersten Aufenthalt fest die Treue hielt.

Einen Monat lang jagte nun eine Party die andere: Aperol-Weißbier und großartige Leckereien wie Hummerleberkäs sowie »Schweinderl streck di«, ein erlesenes Viererlei aus selten verwendeten Teilen vom Schwein: Nebenniere, Fersenbein, Blinddarm und Halskrause.

Pudelwohl fühlte ich mich unter meinesgleichen, denn bei aller Liebe zur Nation schätze ich dumpfen Faschismus in Gestalt primitiver Schläger recht gering. Das Ungeschlachte ist mir fremd – man könnte fast sagen, es macht mir Angst. Schließlich stamme auch ich aus gutem Elternhause (Latein, Blockflöte, Messer und Gabel). Viel näher sind mir daher meine elitären Musikfreunde, die unter dem schützenden Schleier einer dezent braunen Bombastästhetik ihren Traum von einer Oligarchie der Privilegierten leben. Egal, ob Blut-, Geld- oder Bodenadel: Hier hasst man nur im Flüsterton, hier rülpst keiner laut in Bierdosen. Für Lärm und Wut ist in Bayreuth exklusiv der Meister zuständig.

Uns alle verband die Verachtung des Normalbürgers und seines sogenannten Lebens. Wir wünschten uns die Welt als Carrerarennbahn aus sterbenden Gladiolen, auf der König Ludwig II. von Bayern, den faulenden letzten Zahn bleckend, durch die bittersüße Dunkelheit herbeirasen würde, die Banalen zu richten und uns zu belohnen. Soundtrack: Richard Wagner.

Doch seit den neunziger Jahren geht es zunehmend bergab. Ein zerstörerischer Zeitgeist macht sich auch in Bayreuth breit. Gleichmacherei, Sozialneid, Menschenmief. Spätestens seit der künstlerischen Leitung des »Parsifal« durch Christoph Schlingensief musste ich mich ernsthaft fragen: Ist das hier überhaupt noch mein heiliges Bayreuth?

Das Bayreuth der Müßiggänger und Wichtigtuer? Der postmonarchistischen »Kini«- und Wagnerfans, die noch heute die Folgen von Französischer Revolution und Sozialgesetzgebung betrauern? Der interessanten Mixtur aus als Bundespolitiker und CSU-Funktionäre getarnten Zuhältern, Spekulanten und Waffenhändlern? Würde ich hier weiterhin in Ruhe Hoher unter Hohen bleiben können, oder würde die verfluchte Neuzeit alles wegspülen, was uns Festspielbesuchern lieb und teuer ist: die Klassengesellschaft, das Schranzenwesen, das deutschtümelnde Pathos, die an den FIFA-Chef Joseph Blatter erinnernde »Kartenverteilung« – das ganze anachronistische und herrlich parasitäre System eben, von dem ich selbst jahrelang profitierte?

Die Schraube aus »Modernisierungen«, »Regieeinfällen« und »ironischen Brüchen«, eine schamlose Verhottentottisierung der Festspiele, dreht sich weiter, und wie auch in der arabischen Welt ist das Internet ganz vorne mit dabei, die gute alte Ordnung zu verheeren. So werden auch für die Holzklasse des Lebens inzwischen ganze Aufführungen auf den Volksfestplatz in Bayreuth übertragen. Das Internet ist ein Teufel. Doch damit längst nicht genug: Vor zwei Jahren fingen sie auf einmal mit bearbeiteten Aufführungen für Kinder an.

Ja, spinn ich denn? Was kommt wohl als Nächstes: Hüpfburgen in einem kunterbunten »Nibelungenland«, Antifa-Arbeitsgruppen, oder werden jetzt bald sämtliche Stücke in Gefängnisse, Asylantenwohnheime und Arbeitsämter hineingetwittert, umsonst und für alle, oder wie?? Frau Wagner, ich protestiere! Das ist nicht mehr mein Bayreuth! Ich suche mir besser eine neue Pilgerstätte: Loreley, Wunsiedel, Stonehenge, Stalingrad – ganz egal, bloß weg hier.

Im Einklang mit der Natur

Neulich im Fernsehen. Die Sonne scheint auf einen runden, fischteichgroßen Bottich voll brodelnd brauner Exkremente. Während im Hintergrund klassische Musik zu hören ist, sitzt ein gutgelaunter Mann auf dem Rand des Bottichs und jongliert mit CD-Hüllen: Es ist wohl der Klärwerkbesitzer, der uns erklärt, dass er seiner Scheiße jetzt Musik von Mozart vorspielt, damit die für den Zersetzungsprozess engagierten Mikroben besser gelaunt sind und flotter arbeiten, so dass am Ende weniger Schlamm übrig bleibt.

Mit Violinkonzerten werden also neuerdings nicht mehr nur Bildungsbürger in Konzertsäle hinein- und Dealer aus Bahnhöfen hinausgetrieben, sondern auch Mikroben motiviert. Dabei wirkt der Klärwerktyp, seinem schmutzigen Gewerbe nicht unangemessen, eher hemdsärmelig, nicht wie ein Esoteriker, geschweige denn ein Esoteriklehrer für Mikroben. Überdies galten Mikroben in der öffentlichen Wahrnehmung bislang als komplette Idioten ohne Ohren und Zentralnervensystem. Wie soll das folglich funktionieren?

Nun, da hat man die pfiffigen kleinen Burschen offenkundig unterschätzt. Denn Mikroben brauchen keine Ohren; sie fühlen die Musik mit jeder Fiber ihres Körpers und, ja, ihrer Seele. Die Seele speziell des Mikrobenweibchens ist, zum Ausgleich für die relative Primitivität seiner Physiognomie, von wunderbarer Größe und Vielfalt.

Solcherlei Kategorien sind nun mal unter dem Mikroskop nicht nachprüfbar, und dennoch sind sie nach der Arithmetik der Natur nur logisch, denn die behandelt unter dem Strich alle gleich. So ist der Elefant zwar groß, sieht aber schlecht. Der Mensch ist ein ausgezeichneter Denker, hat aber einen miesen Charakter. Der Affe ist geschickt, doch mangelt es ihm an Ernsthaftigkeit. Die Wühlmaus ist dumm, dafür rührend sensibel. Die Mücke lebt nicht lange, zum Ausgleich jedoch äußerst intensiv. Die Gurke trägt ein leuchtend grünes Kleid, ist aber sehr langsam. Und so weiter.

So rechnet die Natur, so gleicht sich alles aus. Sogar innerhalb derselben Spezies. Denn wie angedeutet ist die Seele des Mikrobenmännchens nicht ganz so fein ziseliert wie die seiner Liebsten. Während die Mikrobin nämlich »Mozart, Mozart, Mozart ...« fühlt, fühlt der wiederum kräftigere und technikinteressiertere Mikrob immer nur »Scheiße, Scheiße, Scheiße ...« Umso besser ergänzen sich beide beim Zersetzen des Klärschlamms: Emotionale Intelligenz hier und Tatendrang dort, Bauhaus in Dessau und Bauhaus an der Hasenheide, Yin und Yang, Messi und Tevez.

Wäre ich allerdings Mozart, stänke mir die Sache vermutlich schon ein bisschen. »Ich hab mir doch nicht die Finger blutig komponiert, um hier irgendwelche nordhessischen Kackmikroben zu bespaßen«, würde ich denken. »Was muss der Herr Vater denken, und das Nannerl erst!«

Eine derart prätentiöse Haltung mag zu einem klassischen Komponisten passen. Bodenständigere Unterhalter wie Hütchenspieler, Clowns oder Literaten sollten ihre albernen Vorurteile hingegen getrost beiseiteschieben. So wäre ich selber keinesfalls beleidigt, wenn sie der Scheiße meine Texte vorlesen würden, allzumal im Fernsehen. Ich glaube, ich wäre sogar ein bisschen stolz. Schließlich wäre es für einen guten und nützlichen Zweck. Da kann man ruhig mal ein paar Meter vor die Tür seines Elfenbeinturms treten.

Tierliebe

Das Wespenaufkommen hier am Badesee ist schon gewaltig. Mit der Frequenz eines Maschinengewehrs aus dem Ersten Weltkrieg werden kleine Kinder gestochen. Das nie verebbende Geheul, in das links und rechts kanonartig neue Stimmen einfallen, wirkt einen kakophonischen Klangteppich – die Stimmlage ist Kindersopran, die Tonart Fies-Moll, der Text elegisch.

Natürlich nerven die Tiere auch mich. Sie wimmeln in solchen Massen auf mir herum, dass mein Arm zeitweise der vollbesetzten Südtribüne des Dortmunder Westfalenstadions gleicht.

»Dreckige Scheißviecher!« Schon will ich die Wespen mit dem Notizbuch, in dem ich gerade die Urversion dieses Textes notiere, totschlagen. Danach die zerquetschten Leichen ganz vorsichtig an den Flügeln hochheben, weil sie ja noch eine Weile stechen können, und sie in weitem Bogen ins Gebüsch schmeißen. Doch ich besinne mich beizeiten. Wie ungerecht das wäre. Wo bleibt die Achtung vor dem Geschöpf?

Zur besseren Veranschaulichung: Ich erinnere mich an jenen namhaften Autor, in dessen Garten ich mal zum Kuchenessen war. Ständig trug er zwei junge Kätzchen mit sich herum, die er ohne Unterlass hätschelte und koste. »Ein Tierfreund«, war man geneigt zu denken, was angesichts der niedlichen Fellknäuel auch nicht schwierig war – die hätte sogar Dschingis Khan verschont. Die reichlich vorhandenen Septemberwespen, die träge auf dem Pflaumenkuchen herumkrochen, zerdrückte dieser saubere Tierfreund hingegen mit diabolischer Freude einzeln mit der Kuchengabel und reihte die toten Tiere, bald dreißig an der Zahl, mit akribischem Stolz fein säuberlich neben dem Teller auf, ehe er sich erneut daranmachte, wie ein fünfjähriges Mädchen seine Katzenkinder zu herzen.

Ein jeder sollte ruhig mal die Probe aufs Exempel machen und die Sache einfach umdrehen. Schreien wir also: »Niedliche Scheißviecher!«, und erschlagen wir die Kätzchen mit dem Laptop, in den wir gerade die Urversion dieses Textes hacken. Anschließend heben wir die zerdrückten Körper vorsichtig an den Öhrchen hoch, weil sie ja noch eine Weile maunzen können, und schleudern sie mit Schmackes in die Büsche. Und nun blicken wir einmal ganz tief in uns hinein: Na, wie fühlt sich das an? Gleich gut oder schlecht wie bei den Wespen? Dann ist ja alles im Lot. Anderenfalls jedoch sollte man das eigene Wertesystem schleunigst einer gründlichen Prüfung unterziehen.

Von bigotten Tendenzen bin ich selber nicht frei. Doch als vernunftbegabtes Wesen kann ich mein Verhalten reflektieren und korrigieren. »Lasst euch nieder, Freunde«, rufe ich daher den Wespen zu, »und tafelt mit mir – es ist genug für alle da!« Neugierig schnuppern sie an mir herum. Kluge kleine Teufelchen! Fast scheinen sie sich mehr für mich zu interessieren als für mein Eis. Ich fühle mich irgendwie geschmeichelt. Eine setzt sich gar auf meine Lippen.

Wie anmutig sie ist, mit ihrem schlanken Körper in dem gelbschwarz geringelten Kleidchen und ihrer ausgeprägten Taille.

Sie kitzelt mich mit ihren Fühlern. Der Kuss der Wespenfrau. Langsam fühle ich Erregung in mir hochsteigen. Und auch sie scheint mehr als bereit, denn sie setzt sich auf meinen Arm und spreizt die Beinchen. Mit dem Finger streichle ich vorsichtig ihre Fühler, reibe sanft an den Beißerchen, massiere ihre Taille. Ihr Hinterteil zittert, und ihr erigierter Stachel nähert sich meiner Haut. Auf einmal bin ich Frau und sie ist Mann, sie ist Mensch und ich bin Insekt, wir können die Rollen beliebig tauschen, sind frei, lassen uns treiben, schweben auf einer Wolke der Sinnlichkeit. Langsam dringt sie in mich ein, zuckend pumpt sie ihr Gift in meinen Arm, kommt offensichtlich zum Höhepunkt. Ich selbst muss mir Mühe geben, nicht laut zu schreien – schließlich sehen jede Menge Kinder zu. Mit offenen Mündern stehen sie um uns herum und haben sogar einen Moment lang das ununterbrochene Geheul eingestellt.

»Es ist nichts«, wiegele ich ab, »nicht, was ihr denkt«, und betrachte die Wespe auf meinem Arm, die ihr Ringelkleid mit beleidigender Beiläufigkeit wieder herunterzieht, gerade so, als wäre nichts zwischen uns gewesen, und geht. Irgendwo klappt eine Tür. Ihre Telefonnummer hat sie nicht hinterlassen, wozu auch? Ich spüre Leere und Schmerz.

Fleisch: Ja! Salat: Nein!

Keiner kann behaupten, ich hätte nicht schon immer davor gewarnt, Salat zu essen. Ich selber ging natürlich stets mit gutem Beispiel voran. Ich aß und esse keinen Salat. Niemals.

Schauen wir doch nur einmal: Wer isst denn in der Natur den Salat? Salat macht dumm (Hase, Meerschweinchen), Salat macht faul (Faultier, Orang-Utan), Salat macht böse (Nashorn, Hitler).

Bei allem Engagement kann ich mir durchaus zugutehalten, nie von oben herab belehrend oder grob missionarisch agiert zu haben. Sah ich in einem Restaurant jemanden Salat essen, so zog ich ihm mit einem freundlichen Augenzwinkern, das ausdrücken sollte: »Ich halte dich für komplett verrückt und akzeptiere dich doch voll und ganz als Teil der menschlichen Gemeinschaft«, mit entschlossenem Ruck das Tellerchen weg.

Vor seinen Augen drehte ich dann den Teller mitsamt dem Inhalt um, zog einen großen Filzer aus der Tasche und machte ein dickes rotes Kreuz auf die Rückseite des zuvor so grausam missbrauchten Geschirrs. Mit dieser quasi zum Piktogramm gewordenen Geste dachte ich auch diejenigen Menschen zu erreichen, die kein Deutsch sprechen. Anschließend beugte ich mich zum verdatterten Salatesser hinunter und sagte ihm ganz langsam, laut und deutlich ins Gesicht: »Fleisch: Ja! Salat: Nein!« Gab es Widerworte, so wiederholte ich einfach sehr viel lauter: »Fleisch: Ja! Salat: Nein!«

Leider blieb die Einsicht der Salatesser naturgemäß gering (Hase, Hitler). Sie zeterten, fluchten und drohten. Ich sah es ihnen nach, wusste ich doch, dass sie nicht anders konnten. Ein bisschen enttäuscht war ich freilich schon: Der Prophet gilt anscheinend nichts im eigenen Land. Aber gut, jetzt haben sie den Salat.

Salat macht nämlich krank. Ob die gemeine Gurke, die tödliche Tomate oder der fiese Feldsalat: Sie alle enthalten gefährliche Keime. Fast alle Menschen, die in letzter Zeit Salat gegessen haben, werden irgendwann sterben – die einen jetzt, die anderen später. Das ist so sicher wie das Amen in der Kirche.

Doch von Genugtuung darüber, dass alle, die meine Warnungen hochmütig in den Wind geschlagen haben, nun endlich ihrer gerechten Strafe entgegengehen, bin ich weit entfernt. Dazu ist die Lage einfach zu ernst und vor allem auch mein Charakter viel zu gut. Jede niedere Regung ist mir fremd.

Um meinen Charakter näher zu beschreiben, möchte ich es an dieser Stelle mal mit einem kleinen Bild versuchen: In einem riesigen und wunderschönen Land voll blühender Wiesen, Felder und Wälder steht ein gewaltiges und wunderbares Schloss. Die Mauern sind fest, wehrhaft und zugleich doch schlank und schön. Die Dächer und Zinnen strahlen von Silber und Gold. Ställe, Gesindehäuser und Herrschaftsgebäude sind prachtvoll und sauber. Das ist mein Körper.

Das allerprächtigste Gebäude in der Mitte des Schlosses besitzt einen großartigen Turm. Der Turm ist unheimlich hoch, aber auch irgendwie absolut gut. Ein Hammerturm. Wenn man in dem tollen Turm, der übrigens mein Hals ist, die abartig schöne Wendeltreppe aus edlem Zimbelholz hochsteigt, kommt man schließlich in eine ganze Reihe prächtiger Säle und Gemächer. »Nanu?«, möchte mancher fragen. »Wie kann es sein, dass sich im schmalen Ende eines Turmes derart ausgedehnte Räume befinden?« Doch das geht. Hier geht nämlich alles, denn, Fremder, du befindest dich nunmehr in meinem Kopf. In der Bibliothek stehen endlos lange Regalreihen, bis zur Decke vollgestopft mit Philosophiebüchern, Aufklärungscomics und mehrbändigen Lexika. Das ist mein Gehirn.

Und weiter geht es, vorbei an einer geräumigen und modernen Küche (meinem Appetit) und einem extrem sauberen Badezimmer (meiner Seele) bis zu einem unscheinbaren kleinen Zimmerchen ganz ans Ende des Ganges. Dort klopfen wir sachte an, und weil keine Antwort kommt, öffnen wir die Tür vorsichtig einen Spalt. In der Mitte des Raumes sitzt im gleißenden Licht der Morgensonne ein wunderhübsches Burgfräulein an einem Spinnrad und wirkt Goldfäden in ein Gewand. Sie sitzt nur in Unterwäsche da, weil sie ihr Gewand ja gerade in Arbeit hat, doch es ist blickdichte und nicht zu knappe Sportunterwäsche, in der sie sich vor uns nicht zu schämen braucht. Ohne Scheu und mit lässigem Stolz sitzt sie da – durch das geöffnete Fenster geht ihr Blick dabei weit über das herrliche Land, das (wer ahnt es nicht?) meine Wohnung am Hermannplatz ist. Dem Eindringling scheint sie nicht die geringste Beachtung zu schenken. Mit einer Stimme, die Zartheit und

Reinheit mit einem Hauch dezenter Erotik verbindet, singt sie ein berührendes Lied über ein Rehkitz, das sich im Wald verlaufen hat und schließlich doch noch seine Mutter wiederfindet. Das Burgfräulein ist mein Charakter.

Doch zurück zum Thema. Nicht zufällig unterscheiden sich »Salat« und »Satan« nur durch zwei Buchstaben, jeweils einer geändert und einer ausgetauscht. Zweimal die Eins nebeneinander macht elf. Die Elf wiederum gilt seit Millionen von Jahren als Symbol für Bedrohung, Leid und Gefahr. Elf-null die die Nummer des Polizeinotrufs. Elf-zwei für Notarzt und Feuerwehr. Für die meisten Salatesser dürfte allerdings jede Hilfe zu spät kommen.

Respect, Brother Tourist!

Ich bin auf dem Weg zum Zahnarzt. An der Kreuzung Friedrichstraße/Unter den Linden schaltet die Ampel auf Grün. Ich will gerade losfahren, als mich ein mit sechs einander zugewandt sitzenden und wie am Spieß schreienden Spaniern besetztes Spaßrad von links kommend haarscharf schneidet, um sich anschließend direkt vor mich zu setzen und damit auszubremsen.

Halloo? Hier wohnen auch noch Leute! Kann man sich da vielleicht ein wenig pietätvoller durch die Stadt bewegen? Das ist Deutschland und nicht Disneyland! Also ein ganz normales Land, in dem ganz normal gewohnt, gelebt, gearbeitet, regiert, zum Zahnarzt gemusst, geboren und nicht zuletzt gestorben wird. Hier amüsiert man sich nicht einfach so schamlos! Das entweiht das tägliche Leben der Bevölkerung und degradiert sie zu Statisten einer affigen Orgie. Dabei gibt es Grenzen: An Rockkonzerte in Kirchen hat man sich zwar gewöhnt, aber auf die Idee, den Petersdom in ein Discountbordell mit Tequila-Flatrate umzuwidmen, käme trotzdem keiner.

Seit der Hostel- und Billigfliegerschwemme habe ich das Gefühl, diese Stadt und dieses Land werden als solche kaum mehr wahr-, geschweige denn ernst genommen: Berlin ist bloß noch eine Rummelplatzkulisse für Bierfahrräder und Pub Crawls, eine rund um die Uhr vermietete riesige Party-Location, bei der man vergessen hat, den Vormietern die Kündigung zu schicken, so dass die jetzt verwirrt und eingeschüchtert durch die Räume huschen, nichts verstehend und nichts mehr wiedererkennend.

Um nicht falsch verstanden zu werden: Selbstverständlich sind mir achtsame Touristen jederzeit herzlich willkommen. Ich erwarte noch nicht einmal, dass alle Ausländer wie früher Angst vor uns haben, sondern einfach nur ein kleines bisschen Respekt – das ist doch wohl kaum zu viel verlangt. Ruhig die Häuser angucken, nichts anfassen, nichts kaputtmachen, nicht den Bewohnern auf die Nerven gehen – dann sagt überhaupt keiner was.

Vielleicht könnten sie dazu noch ein paar Brocken Deutsch mit niedlichen Akzenten sprechen, Goethe und Schweinsteiger loben und wiederholt betonen, dass Hitler ein Unglücksfall der Geschichte war, für den wir echt nichts können, und überdies Österreicher. Und ein paar Museen sollten sie unbedingt besuchen: das Deutsche Historische Museum, das Naturkundemuseum und das Holocaustmahnmal, damit sie einen kleinen Überblick über die größten Leistungen ihres Gastlandes erhalten. Abgerundet von der phantastischen Haselhorster Gartenzwergsammlung in der Verlängerten Daumstraße, werden sie sich nach diesem wohlfeilen Crashkurs in Sachen deutscher Kultur sicher fürchterlich schämen, wenn sie daran denken, wie sie einst rücksichtslos grölend auf einem fahrenden Bierfass durch Mitte preschten, die vornehm indignierten Blicke der Einheimischen rüde und dumm ignorierend.

Apropos Gastland. Die Hostels müssen natürlich geschlossen werden. Sie sind Brutstätten des Partytourismus – da köcheln die jungen Touristen eh nur im eigenen Saft und schaukeln sich gegenseitig weiter auf zu dummen Gedanken. Weit zweckmäßiger wäre die Unterbringung in Gastfamilien, damit sie den deutschen Alltag kennenlernen. Natürlich gegen einen angemessenen Obolus sowie Mithilfe im Haushalt. Aufstehen um sechs Uhr morgens, geweckt von »Arnos Morgencrew« im Radiowecker, eine Schrippe mit Bad Schwartauer Erdbeermarmelade, dazu die pechschwarze Krönung von der Heizplatte, mittags Bratwurst mit Kartoffelbrei, abends eine Schnitte Graubrot mit Leberwurst sowie ein Radieschen. Tatort, Traumschiff, Heute-Journal. Fasching, Reichskristallnacht, Nikolaus. Sie werden das Land kennen-, verstehen und rückhaltlos lieben lernen. Und das ist doch Zweck der Übung, oder etwa nicht? Rumschreien und auf die Straße kotzen können sie schließlich ebenso gut zu Hause in Madrid oder Manchester.

Dabei bin ich nun wirklich der Allerletzte, der etwas gegen ein wenig Amüsement nach Feierabend hat, solange das alles in einem maßvollen Rahmen geschieht. Da darf es durchaus auch noch um neun Uhr abends mal eine Coca-Cola vor dem Café Kranzler sein, oder ein Lichtbildervortrag von Ludger Rühmkorf über die Schönheit der Rügener Kreidefelsen im großen Saal der Urania. Hier lernen die jungen Franzosen und Australier endlich, was es heißt, mit den Deutschen zu feiern und sich mit ihnen gemeinsam zu amüsieren. Das geht nämlich auch ganz ohne Spaßfahrräder.

Das Wetter im Saarland

Zur achten Strophe des Lobliedes mag sich so mancher mittlerweile aus gutem Grunde fragen: Gibt es dieses sagenhafte Saarland überhaupt? Oder ist es nur einer kranken Phantasie entsprungenes Symbol für das Grauen schlechthin – ein unwirtliches Konglomerat aus frankophiler Misanthropie (welch hübsche Tautologie im Übrigen!), Selbstekel und der verzerrten Reflexion einer noch nicht geführten Inzestdebatte?

Das fragt sich der Saarländer freilich auch selbst, während er in klammen Februarnächten auf der öden Schutthalde vor seiner Hütt, dem sogenannten »Vor-Jardin«, die Wäsche, sprich Seitenmieder, Steigbügel, Baumwolltrense und Leibgeschirr, zum Trocknen aufhängt.

Sie trocknet dort nicht besser oder schlechter als im August, denn im Saarland ist das Wetter immer gleich: Eine Art eisiger Schwüle legt sich wie eitriger Ausfluss über die ganze Region zwischen Saarstrip und Saarmumpe. Dazu kommt der berüchtigte »Püstewind«, ein heftiger ganzjähriger Herbststurm, der, in Zentralfrankreich entspringend, unablässige Graupelschauer in die vom übermäßigen Verzehr von Schlabbermus und Blubberschweppes gezeichneten Gesichter peitscht. Kein Wunder, dass die Natur die Schopffedern des Blessgeiers zu einem überdimensionierten Regenschirm geformt hat, der es dem saarländischen Wappenvogel gestattet, neben dem eigenen Gefieder gleich den Horst trocken zu halten, wie man das, egal ob männliche oder weibliche, Jungtier nennt. Auch der saarländische Nationalsänger Jacques Schönhuber besingt in »Parapluie – mon amour«, einem Lied voll nonchalantem Hass, das Wetter seiner Heimat.

Eine Sonnenfinsternis und den um dieses Phänomen herum inszenierten Hype kennt man hier nicht. Stattdessen gibt es eine Massenwanderung, sobald alle paar Jahre mal ein Sonnenstrahl durch die dichten Wolken bricht. Sämtliche 2543 Saarländer pilgern auf den Hohen Tattergreis, um vom höchsten Gipfel ihrer Heimat aus das phantastische Schauspiel zu verfolgen. Noch Monate nach dem »Sonnenschein« beobachtet man Grundschüler bei dem unbeholfenen Versuch, dies prägende Ereignis mit schwarzen, grauen und braunen Filzstiften, andere Farben gibt es hier leider nicht, künstlerisch zu verarbeiten.

Es ist erstaunlich, wie sehr sich die meteorologischen Gegebenheiten eines Dreckhaufens, um hier eine geographisch möglichst neutrale Bezeichnung zu wählen, auf Kultur und Bräuche seiner Bewohner niederschlagen. So wird der gleichnamige höchste Trumpf des Wurstpeterspiels gern auch »Schlammhannes« genannt und das einbeinige Solo mit dem Schlammhannes »Erdrutsch« – daher stammt auch das Sprichwort »den Schlammhannes ins Nasse bringen«. Und selbst die Geschichte wird beeinflusst: So harrte der saarländische Nationalheilige Frère Schacke im heldenhaften Abwehrkrieg gegen eine Handvoll Giftzwerge einfach so lange in seiner Hütt aus, bis der Dauerregen die Stollen der attackierenden Mineure einstürzen ließ und diese unter sich begrub.

Inzwischen lernt die einheimische Landwirtschaft zunehmend, aus der Not eine Tugend zu machen: Regenstiefel aus Maulwurfsleder sind der Verkaufsschlager schlechthin; im Überlaufgebiet der Pissbach wird im August, wenn sich das Schmelzwasser an den Leichen wetterfühliger Selbstmörder staut, mit mäßigem Erfolg Winterreis angebaut. Und übrigens: Das Saarland gibt es wirklich – glücklich, wer nicht dort leben muss.

Im Biergarten

Heute möchte ich lustig sein. Zu diesem Zweck suche ich einen Biergarten auf. Dort setze ich mich auf eine Bank, damit ich nicht stehen muss, denn Sitzen ist bequemer als Stehen. Das weiß ich schon, das habe ich hundertmal ausprobiert. Im Stehen könnte ich niemals lustig sein.

Die Kellnerin kommt. Das ist eine Frau, die den Gästen des Biergartens Getränke bringt. Ich weiß das, weil ich es erst ausgekundschaftet und anschließend selbst getestet habe. Nach unzähligen Fehlversuchen und akribischem Feilen an meiner Wortwahl hat es am Ende tatsächlich funktioniert.

»Bringen Sie mir bitte ein Bier«, informiere ich die Kellnerin, »ich will lustig sein.« Fast jedes dieser Worte ist fester Baustein eines unmissverständlichen Kommunikationsprozesses: »Bringen« zeigt ihr die erforderliche Tätigkeit an. »Sie« signalisiert ihr zum einen, dass sie es ist, die mit der Aufforderung gemeint ist, und nicht irgend jemand anders, und zum anderen, dass sie erwachsen ist und sich somit keinesfalls hinter einer Art Minderjährigenbonus verschanzen kann, um sich auf diese Weise ihrer Verantwortung zu entziehen. »Mir« kennzeichnet unzweideutig den Adressaten des Biers, sonst würde sie es vermutlich ungelenkt irgendwohin tragen, in letzter Konsequenz bis ans Ende der Welt, und dort mitsamt dem Bier hinunterfallen. Auch das Zahlwort »ein« ist wichtig, denn je größer die Zahl der Biere, die ich auf einmal gebracht bekomme, desto schlechter schmecken bald diejenigen, die ich nicht schnell genug trinken kann – das Leben ist eine einzige Schule! Das bereits mehrfach erwähnte »Bier« enthält (das ist entscheidend!) Alkohol, ein hochwirksames Nervengift, das lustig macht, und lustig will ich schließlich sein.

Bleibt noch das Wort »bitte«. »Bitte« ist im Grunde Quatsch und besitzt keinerlei semantischen Mehrwert. Aus langjähriger Erfahrung weiß ich jedoch, dass die Menschen sich groteskerweise besonders wohl fühlen, wenn man sie mit überflüssigen Höflichkeitsfloskeln und Grußformeln zumüllt. Einige »lächeln« dann – das heißt, sie verzerren ihre Züge zu einer speziellen Fratze, die, so der gesellschaftliche Konsens, aus einer mir beliebig erscheinenden Grille heraus positiv konnotiert ist. Nun könnte es mir ja völlig egal sein, wie sich die Kellnerin fühlt, denn schließlich bin ich ja nicht sie. Aus intensiven Beobachtungen habe ich jedoch die Erkenntnis gewonnen, dass das Bier schneller kommt, wenn sich die Kellnerin wohlfühlt.

Sie notiert meine Bestellung mit einem Stift auf einem Block, damit sie sie nicht vergisst. Das weiß ich, weil ich mal gefragt habe. Ich habe es zwar gleich wieder vergessen, aber ich habe einfach so oft nachgefragt, bis ich es endlich behalten habe. Sie lächelt nicht, obwohl ich »bitte« gesagt habe. Hätte ich mir den Schmus also sparen können. Die Sache mit dem Geschlechtsverkehr spreche ich unter diesen Umständen besser gar nicht erst an – mit so etwas bin ich inzwischen ohnehin vorsichtig geworden. Hätte ich sie zuerst anlächeln sollen? Alles weiß ich leider auch noch nicht. Außerdem habe ich es durchaus schon versucht, es hat nur nicht geklappt. Vielleicht darf man dabei nicht schreien. Aber ich schreie nun mal so gern.

Die Kellnerin bringt das Bier. Na also, klappt doch. Jetzt muss ich es trinken, sonst werde ich nicht lustig. Ich höre kurz auf zu schreien, damit ich besser schlucken kann. »Gluck, gluck, gluck« macht mein Schlund beim Schlucken. Ich spüre, wie das Gift Gehirnzelle für Gehirnzelle in Schutt und Asche legt, wie es meine Blutbahnen entert und in der Folge massiv meine Leber belastet, wie ich die physische, psychische und soziale Kontrolle verliere. Jetzt bin ich lustig.

Die Rote Bestie

Peter hatte tatsächlich kurz überlegt, mit seiner kleinen Tochter Meike in die Kneipe zu kommen, um mit mir zusammen das Pokalspiel anzugucken. Aber in dem engen Raucherladen wäre das kriminell gewesen. Schade eigentlich. Ich hätte die Gelegenheit zu gerne wahrgenommen, das Kind sportlich zu sozialisieren.

Und zwar auf angemessene Art und Weise. Denn allzu viele Kinder fallen auf die Rote Bestie herein. Nicht nur in meinem eigenen Verwandtenkreis, nein, selbst ein mir bekannter Jugendpsychiater gab zu, dass er seinem Sohn ein Bayerntrikot schenken musste – hier war offenbar alle fachliche Kunst vergebens gewesen. Kinder sind von Natur aus primitive Opportunisten, die stets auf der Siegerseite stehen wollen. Eine differenzierte Ethik entwickelt sich erst durch die Erziehung. Den Slogan »Kinder an die Macht« kann nur ein krankes Hirn erfunden haben. Das unverfälschte Kind ist ein unverfälschter Steinzeitmensch. Es plappert bedenkenlos Verletzendes, will alles haben und handelt konsequent nach dem Recht des Stärkeren. In einer Demokratie würden Kinder FDP wählen, doch ihre natürliche Regierungsform ist die Diktatur.

Vor allem Jungen sind kaum zu retten, doch bei diesem kleinen Mädchen hätte ich mir noch eine Chance ausgerechnet.

»Meike, weißt du eigentlich, wer da spielt?«

»Nein.«

»Dann pass mal auf. Die Männer in den gelben Hemden sind die Lieben. Die wollen nur spielen. Geld ist ihnen überhaupt nicht wichtig. Sie wollen gerade mal so viel verdienen, dass sie ihren Kindern Eis und Spielzeug kaufen können. Und siehst du da: die Männer in den roten Hemden, mit den hässlichen und hochmütigen Gesichtern?«

»Ja.«

»Die sind wahnsinnig böse. Sie müssen immer gewinnen, sonst werden sie noch böser. Sie nehmen allen anderen Fußballspielern das Geld weg und tun es in ihrem Keller an der Säbener Straße, wo sie wohnen, auf einen großen Haufen. Nachts gehen sie dann oft betrunken in den Keller runter, um den Geldberg anzugucken, und werden von dem Anblick immer gieriger.«

»Aber die führen doch zwei zu null. Dann sind die doch besser, oder?«

»Besser, besser«, äffe ich sie nach. »Eben darum sollte es im Leben gar nicht dauernd gehen. Stell dir vor ... Wie heißt eigentlich dein bester Freund oder deine beste Freundin?«

»Thomas.«

»Stell dir also vor, du hast euch beiden vom Geld deiner Mama ein Eis gekauft. Und nur weil Thomas schneller fertig ist, klaut er dann einfach deins. Obwohl ihr doch immer zusammen spielt. Dann nimmt er dir das Wechselgeld von deiner Mama weg und kauft sich noch ein Eis. Und während er sein drittes Eis schleckt, schubst er dich ganz doll hin, und wenn du am Boden liegst, nimmt er einen ganz großen Stein und haut dir damit so lange ganz fest auf den Kopf, bis du tot bist: Das ist der FC Bayern München.«

»Das würde Thomas nie machen!« Meike wirkt aufgewühlt.

»Sag ich ja auch nicht«, beruhige ich sie, »war ja nur ein Beispiel. Was aber wirklich passieren würde, wenn du jetzt in dem Stadion von den Gelben wärst, und die Roten gewinnen am Ende, dann würden die … Wie heißt dein Dings hier, dein Lieblingsstofftier?«

»Das ist kein Dings – das ist Hase!«

»Hase hast du bestimmt sehr lieb?«

»Ja, sehr.«

»Wenn wir jetzt im Stadion wären, und die Roten gewinnen, kommen sie nach Spielschluss ganz schnell über den Zaun geklettert und nehmen dir Hase weg. Da kannst du schreien, so viel du willst, es hilft nichts. Und auch Papa und ich könnten dir nicht helfen. Dann nehmen sie Hase mit zu sich in ihr Stadion, die Allianz-Arena, wo 70 000 böse Menschen in roten Trikots sitzen. Dort reißen sie Hase die Augen aus und ihn selber in kleine Fetzen und verbrennen ihn. Und alle 70 000 lachen.«

Meikes Augen sind schreckgeweitet.

»Zum Glück sitzen wir hier ja nur vorm Fernseher – da kann gar nichts passieren«, tröste ich sie. »Aber wenn du größer bist, dann gebe ich dir mal ein Buch: ›Als Hitler das rosa Kaninchen stahl‹ – da steht im Grunde alles drin.«

Peter kommt vom Klo zurück. »Meike, was hast du denn?«, wundert er sich.

Sie sagt nichts. Hält dafür Hase fest umklammert.

»Ich hab ihr nur Fußball erklärt«, antworte ich an ihrer Stelle.

Sport im Saarland

Der Sport spielte im Saarland, diesem seit Jahrhunderten stehengelassenen schmutzigen Abwasch Frankreichs, schon immer eine herausragende Rolle. Bereits der Nationalheld Frère Schacke forderte seine Landsleute in seiner Brandrede anlässlich des verheerenden Superschmachts von 1832 auf dem Hochstapel vor der Ratshütt zu St. Dreitagebert mit den berühmten Worten auf: »Macht's halt mehr Sport tun!«

Zu gerne wäre er selbst mit gutem Beispiel vorangegangen, doch besaß er leider eine lebenslängliche Sportbefreiung wegen seiner Senk-, Spreiz-, Knick- und Krähenfüße. So blieb ihm nur, die Sporttätigkeit der Landeskinder mit einer Gallone Blubberschweppes bewaffnet im Gras am Westhang des Hohen Tattergreises liegend zu überwachen und das Treiben mit »he ho« oder auch mal »ho he« zu kommentieren, bis er am Ende regelmäßig weggeschlummert war. Verständlich bei der erschöpfenden Aufgabenpalette eines Nationalheiligen: Bewundertwerden, Angeben und Wichtigsein.

In einer Epoche, in der in Europa das Pferd (bzw. im Saarland das Hängebauchschwein) wichtigstes Fortbewegungsmittel war, hatten die Sportarten stets irgendwas mit Tieren zu tun. Seit jedoch der Kartoffelbus durch Saarwinsel und St. Negerlein keucht, haben sich von den alten Sportarten gerade mal Hamstertennis und Fledermausschießen erhalten.

Letzteres ist freilich noch immer ein großartiges Spektakel: Gegen Abend schleppen die Sportler ihr großkalibriges Gerät in die Bezirksschießanlage von Saaramok. Kurz bevor es vollkommen dunkel ist, werden die Fledermäuse rausgelassen, und nach drei Minuten Dauerfeuer müssen die rotglühenden Rohre der Maschinengewehre ausgewechselt werden. Das ist ganz großer Sport, auch wenn einige das Hamstertennis für reiner und ursprünglicher halten. So widmete der saarländische Volkssänger Jacques Schönhuber, ein Meister am Hamsterracket, einer Art Bratpfanne mit rasierklingenscharfem Rand, seiner Passion die zu Herzen gehende Sporthymne »Hamstère l'amour – rapatapatap – faites vos jeux, Marie, die Welt beginnt zu sterben ...«

Keine abwaschbare Schutzbekleidung erfordern hingegen die moderneren saarländischen Sportarten wie Mobbing oder Modern Talking. Die ungekrönte Königin des saarländischen Sports ist jedoch, nein, nicht das Wurstpeterspiel, sondern der Turnbeutel-Dreikampf, bestehend aus den Disziplinen Weitwurf, Ausleeren und Vergessen. Der frisch gekürte Meister wird im Triumphzug im »offenen Bein«, einer Art Cabrio-Sänfte, durch sämtliche Ortschaften gefahren und von den jubelnden Massen mit frischem Schlabbermus beworfen.

Denn auch die passive Sportbegeisterung ist groß im Saarland. Das gilt vor allem für den Fußball, mithin die einzige Sportart, die man sowohl mit den Schnecken vertilgenden Stiefbrüdern westlich des Rheins als auch den ungeliebten neuen Herren aus Deutschland teilt. So pilgern jede Woche Aberdutzende treuer Fans in die idyllisch links der Pissbach

gelegene Arschgeigenarena, um die »Matschfüßler«
anzufeuern, wie die Kicker des ruhmreichen 1. FC
Saarbrücken in Anlehnung an die tote Kakerlake
im Vereinswappen liebevoll genannt werden. Dasselbe Kerbtier fungiert übrigens seit mittlerweile
23 Jahren als Interimstrainer des Vereins. Anhänger,
Spieler und Funktionäre loben besonders ihr Fach-
wissen und das besonnene Auftreten in kritischen
Situationen.

Unverdaulicher Schwedenhappen

Frühmorgens um elf klingelt das Telefon.

»Welches verdammte Arschloch ...«, krächze ich Reste von Erbrochenem aus Luft- und Speiseröhre und robbe über die obdachlose Greisin, die vorige Nacht irgendwie in meinem Bett gelandet sein muss, hinweg zum Telefon. »Ja?«

»Hikke Irvar Johannsdottir. Stockholmen Nöbelpriskommitter. Tu ärr Öli Hannemannsssson?«, blökt mir eine fremde Männerstimme in nicht näher zu definierendem Wickie-Sprech ins Ohr. Dänisch, Schwedisch, Thüringisch – wer soll das schon unterscheiden?

»Ikea, Ikea, Ikea!«, belle ich gereizt zurück.

»Uppsala! I'm sorry ...«, switcht der Nordmann mühelos ins Englische.

Doch auch damit ist er an den Falschen geraten. Um diese Zeit und in diesem Zustand Ausländisch zu sprechen kommt für mich überhaupt nicht in Frage. »Hör mal, Meister. Dormez-vous, alte Kuh. Du sprechen ganz fix Deutsch oder du können mich mal kreuzweise.«

Das wirkt. In gebrochenem Deutsch teilt mir der Anrufer knapp mit, ich hätte den Nobelpreis gewonnen.

Den Nobelpreis! Ich! Gewonnen! Das hätte ich ja nun wirklich nicht gedacht. Was für eine Freude! Sofort werde ich freundlicher. Ich kann mich zwar nicht im Geringsten an meine bisherigen Einlassungen erinnern, aber im Nachhinein hoffe ich nun doch, sie waren eines gekürten Geistesmannes würdig.

Nach dem Auflegen fällt mir ein, dass ich völlig vergessen habe, nachzufragen, welchen Nobelpreis ich denn überhaupt bekommen habe. Die Frau in meinem Bett scheint übrigens tot zu sein. Mit einem Mal freue ich mich gar nicht mehr und bin stattdessen wieder ziemlich müde.

Dann gebe ich mir einen Ruck. Jetzt bloß nicht die Nerven verlieren! Sondern die ganze Sache analytisch angehen: Was mache ich denn überhaupt? Ich schreibe. Und was schreibe ich? Prosa. Und von was tut der Prosa eine Unterbezeichnung sein? Von dem Literatur. Ergo muss ich wohl den Literaturnobelpreis gewonnen haben.

Erstaunlich finde ich es trotzdem. Ich kann einen Jambus nicht von einem Skarabäus unterscheiden, und Günter Grass, meine Güte, so hieß mein Lieblingsdealer in der Fuldastraße. Darüber hinaus dürfte ich mit meiner feinziselierten, doch für Normalsterbliche nun mal leider schwer greifbaren Dichtkunst niemals eine Chance gegen die effekthascherischen Quatschgeschichten einer Herta »BSC« Müller haben. Ich kann natürlich die Begründung abwarten. Die senile Jury da in Malmö zimmert sich doch jedes Mal eine entsprechende Ausflucht zusammen. Vielleicht wollten sie ja endlich mal was richtig crazy Abgefucktes machen.

Nun gibt es eine Menge Arbeit für mich. Mit meinem Handy filme ich mich für eine Grußbotschaft ab. Keinesfalls werde ich nach Trondheim fahren – da herrscht doch seit August schon wieder Winter. Kurz überlege ich, ob ich für die Aufnahme besser etwas anziehen sollte, doch rasch verwerfe ich die spießige Anwandlung. Ich labere und improvisiere, und auf einmal höre ich mich sagen: »… und daher lehne ich die Entgegennahme des Dingenspreises ab!«

Von mir selbst überrascht, halte ich mit dem Filmen inne. Ich bin ohnehin fertig. Mein Gewissen hat gesprochen. Wie habe ich nur je mit dem Gedanken spielen können, mich dermaßen korrumpieren zu lassen? Ich will das schmutzige Geld des Establishments nicht. Außerdem kenne ich Leute, die bereits von einem Trostpreis beim Bachmannlesen wahnsinnig vor Eitelkeit geworden sind. Was würde da erst der Nobelpreis bei mir anrichten?

Und last but not least: Wo, um Gottes willen, soll ich in meiner Wohnung das sieben Zentner schwere Murmeltier aus Hartholz unterbringen, das jeder Nobelpreisträger nach den Statuten bei sich zu Hause aufstellen muss. Andernfalls wird ihm der Preis wieder aberkannt – und provisorisch noch ein weiterer dazu. Für die meisten Nobelpreisgewinner bedeutet das, dass sie zeit ihres Lebens einen Nobelpreis im Minus bleiben, da sie schon einen zweiten gewinnen müssten, um überhaupt nur wieder auf null zu kommen. Das gelingt den wenigsten, und auch ich selber traue mir das im Moment nicht wirklich zu.

Die Grußbotschaft lösche ich wieder. Meine Gründe gehen die sowieso nichts an. In Helsinki werden sie es schon mitkriegen, wenn ich nicht komme.

Liebesfilm

Der 20-jährige Fußballnationalspieler Thomas Müller in einem Zeitungsinterview über seine Ehe: »Bei meiner Frau und mir hat es von Anfang an gut gepasst. Ich habe mich schon relativ früh bei ihr einquartiert. Sie hat in einem Vorort von München gewohnt. Das war für mich sehr praktisch, weil sich die Strecke zum Trainingsplatz des FC Bayern dadurch deutlich verkürzt hat.«

Ein dickes Ding. Nicht, dass er mit 20 heiratet. Das hätte ich sicher ebenfalls gemacht, wenn ich damals auch nur irgendeine Frau gekannt hätte. Aus vielerlei Gründen haben schließlich auch unsere Urahnen oft früh geheiratet: Sei es, dass ihnen daran gelegen war, noch mehr blaues Blut unkontrolliert aus hohen Adelsnäschen schießen zu lassen, oder sei es, dass zwei Höfe zusammengelegt sein wollten. Doch nur zu heiraten, damit »sich die Strecke zum Trainingsplatz verkürzt«, zeugt schon von einer die Logistik des Alltags zum alleinigen Götzen verklärenden Kaltblütigkeit, die selbst den pragmatisch Veranlagten unter uns einen Schauer des Bäh über den Rücken jagt.

Natürlich übernachte auch ich vor allem deshalb gern bei meiner Freundin, weil es von ihrer Wohnung aus am nächsten Morgen einfach näher ist zu meiner momentanen Hauptgeliebten und wir nur verdammt wenig Zeit haben zwischen deren Frühstück mit Mann und Kindern und bevor sie wieder losmuss, um die drei kleineren vom Kindergarten abzuholen. Aber deswegen ziehe ich doch nicht gleich fest zu meiner Freundin, geschweige denn, dass ich sie heirate!

Viel besser als das Thomas-Müller-Modell gefällt mir da die Liebe, wie sie in dem Film »Mademoiselle Chambon« dargestellt wird. Ausgerechnet ein französischer Liebesfilm, eine Kombination, die bei mir eigentlich seit jeher im Generalverdacht … Moment, ich stochere gerade nach dem passenden cineastischen Fachausdruck … genau, jetzt hab ich's: unter dem dringenden Generalverdacht des Scheißeseins steht.

Und ein Mädchenfilm ist es außerdem. Na und? Nach anfänglicher Enttäuschung über den eklatanten Mangel an Explosionen und Verfolgungsfahrten gelingt es mir rasch, tief unter dem Schuttberg aus abgestandenen Fußballerposen das Mädchen in mir auszugraben – trotzig, wankelmütig, romantisch und dennoch unheimlich stark im Abgang –, es vom gröbsten Schmutz zu befreien und in eine so simple und zugleich anrührende Welt der Liebe eintauchen zu lassen, wie man sie im Kino selten sieht. Schön auch, dass der schmerzhafte Widerspruch zwischen Liebe und Verliebtheit in diesem Film nicht, wie sonst üblich, von einem bigotten und emotional verarmten Calvinistenpack moralisch ausgedeutet wird. Mein Herzchen, eben noch aus kaltem Männerstein, schmilzt dahin wie Butter in der Frühlingssonne.

Eine derart starke Nachwirkung hinterlässt besagter Film, dass ich seit jenem Samstag noch immer von dem Mädchen in mir beherrscht werde. Ich singe »Lilala« und kämme mich stundenlang vorm Spiegel. Summsumm. Sogar mein Körper beginnt sich neuerdings zu verändern. Ich werde wohl langsam, aber sicher eine richtige Frau. Sanft streichle ich über die hübschen kleinen Brüstchen, die mir der regelmäßige Bierkonsum geschenkt hat. Meine Mama in mir, mit der mich übrigens ein ganz tolles Verhältnis verbindet, fragt, ob es denn ganz vielleicht schon einen Jungen gibt, für den ich mich interessiere? Aber Jungs finde ich erst mal alle total doof.

Außer den Thomas Müller. Der ist echt süß. Nur leider ist der schon mit der Dings zusammen, mit der, na, mit der Müller. Die hasse ich. Bloß weil die so nah am Trainingsplatz wohnt. Die Sau. Ach, ich wünschte mir, ich selber würde noch näher am Trainingsplatz wohnen als die. Dann wären nämlich wir zusammen, und die Müller könnte von mir aus mit diesem hässlichen Schweinemeier, oder wie der heißt, zusammen sein – der passt sowieso viel besser zu ihr.

Menno, jetzt muss ich weinen. I'm dancing with tears in my eyes. Mein Poesiealbum wird nass. Love is a cloud of love. Thomas und Uli – love forever, forever love, love, love …

Damals bei uns zu Hause III:
Eine Gutenachtgeschichte

Es war schon dunkel. Mutter kam noch einmal herein, setzte sich am Kopfende auf meine Bettkante und erzählte mir eine kurze Geschichte von Zwergen, Elfen und fanatischen Massenmördern, die auf einer Ranch in Kalifornien dem FBI und der Nationalgarde ein tagelanges Feuergefecht lieferten, bevor die Überlebenden Selbstmord begingen. Im Anschluss sprachen wir zusammen das Nachtgebet: »Komm, Herr Jesus, sei unser Gast, und segne, was du uns bescheret hast. Amen.«

Nachdem sie mir die Decke sorgfältig bis zum Kinn hochgezogen und die obligatorische Gutenachtbackpfeife gegeben hatte, drehte sie sich im hell erleuchteten Türspalt noch einmal zu mir um und sagte wie beiläufig: »Übrigens: Morgen müssen wir bei dir die Ärmchen abmachen.« Nach diesen Worten schloss sie behutsam die schwarz lackierte Kinderzimmertür.

Vor Angst und Aufregung wälzte ich mich nun in meinem Bettchen hin und her. An Schlaf war nicht mehr zu denken. Erst gegen Morgen fiel ich in einen unruhigen Schlummer voller Alpträume, in denen Zwerge ohne Arme mit Blendgranaten auf Elfen ohne Beine schossen.

Vollkommen eingeschüchtert begab ich mich am nächsten Morgen an den Frühstückstisch. Alles war eigentlich wie immer. »Hast du deinen Schulranzen gepackt?«, »Iss schön deine Haferflocken«, »Hier ist dein Pausenbrot« – alles ganz normal.

In mir keimte schon die Hoffnung, dass alles nur ein böser Traum gewesen war, als Mutter fragte: »Oder sollen wir das vielleicht schon vor den Haferflocken machen?«, und Vater antwortete: »Nein, dann kann er ja den Löffel nicht mehr halten.«

Hei, nun rannen aber meine Tränen hurtig wie ein Sturzbach in die Schüssel mit den Haferflocken. Kaum bekam ich sie herunter, obwohl Vater mich zur Eile ermahnte: Er müsse schließlich noch zur Arbeit und wolle diese »leidige Ärmchenaktion«, wie er sich ausdrückte, gerne noch vorher hinter sich bringen. Er selber sei ja auch gar nicht mal so sehr dafür gewesen, aber Mutter habe einfach genug von meiner ewigen Popelei und wolle mir einen Denkzettel verpassen.

Als ich mit dem Frühstück fertig war, musste ich mich ganz still auf einen Küchenhocker setzen, und Vater suchte in der Schublade nach der großen Küchenschere.

»Wir haben heute eine Klassenarbeit in Rechnen«, griff ich nach einem letzten verzweifelten Strohhalm.

»Thomas hilft dir bestimmt«, sagte Mutter. Thomas war mein Banknachbar. »Du wirst in Zukunft von vielen Menschen Hilfe annehmen müssen«, tröstete sie mich, »das ist auch etwas sehr Schönes.«

Sie hatte mich so weit abgelenkt, dass ich gar nicht gemerkt hatte, wie Vater sich vor mir in Positur gerückt hatte und die Schere ansetzte. »Schnipp, schnapp – schon sind die Ärmchen ab«, scherzte er. »Das wird am Anfang sicher ordentlich weh tun, aber du bist ja schon ein großer Junge.« Ich merkte ihm an, dass ihm die Aufgabe unangenehm war und er es mir wirklich so leicht wie möglich machen wollte.

»Ich kann's ja gar nicht mit ansehen«, jammerte Mutter und wandte sich schaudernd ab. Wie sehr sie mich lieben musste, ach, wie sehr mich im Grunde alle beide lieben mussten! Und ich hatte sie mit meiner ständigen Popelei dazu gezwungen, ihre Gefühle mir gegenüber mit Füßen zu treten. Das war im Grunde doppelt schlimm. Dafür hätten mir eigentlich auch die Beinchen ab gehört.

Ich hatte schon die Augen geschlossen, hörte das sensenartig metallische Öffnen der rostigen Scherenblätter, da klingelte es an der Tür. »Guck doch bitte mal nach, Frau, wer da ist«, sagte Vater, setzte die Schere ab und strich mir mit der Linken liebevoll über das Köpfchen. Schnell war Mutter zurück. Es war wohl nur ein Klingelstreich gewesen.

Auswärtsspiel im Tal der Tränen

Zunächst ist alles wie bei jedem ganz normalen Auswärtsspiel. Die meisten Schlachtenbummler sprechen schon früh dem Bier zu und stimmen ihre Gesänge an (»Zwietracht Binsenheim, schalalalala …«), um schließlich doch einen Großteil der langen Anfahrt in den bequemen Schlafsitzen zu verdösen. Wir überqueren die Zonengrenze Richtung Osten, was man an den blühenden Landschaften bemerkt.

Drei Stunden später erreichen wir Riesenbeul an der Träne, die Heimat unseres heutigen Gegners. Die Schlafenden erwachen, eine gewisse Spannung macht sich breit. Die Stadt wirkt wie ausgestorben. Beunruhigt registriere ich jedoch, wie sich hier ein Gullydeckel, da der einer Mülltonne anhebt und dort rotglühende Augenpaare durch die Bretterritzen der zahlreich zugenagelten Fensterhöhlen spähen.

»Da sind die Westschweine«, ertönt plötzlich ein heiserer Schrei. Erst ist es nur einer, dann mehrere, die schnell zu einem vielköpfigen Chor belfernder Hyänen anschwellen.

»Westschweine! Fangt sie! Tötet sie!« Gleich darauf hebt ein wildes Stampfen, Rasseln und Klirren an. Gehetzt blicke ich mich um, und was ich sehe, lässt mir das Blut in den Adern gerinnen: Die wilde Jagd beginnt.

Etwa tausend Bösewichter, teils mit den traditionellen Holzzipfelmützen der Region Tränental ver-

mummt, teils aber auch in den schwarz-rosa Vereinsfarben des gastgebenden KSK (Kolchosensportklub)
Reaktor Riesenbeul, rennen von allen Seiten auf uns
zu. Sie sind mit Sensen, Dreschflegeln, Hämmern
und Zirkeln bewaffnet. Über dem Mob wehen Reichs-
kriegsflaggen im eiskalten Ostwind. Wir glauben uns
im falschen Film, einem Horrorstreifen irgendwo
zwischen »Mad Max«, »Herr der Ringe« und »Der
Untergang«.

»Schnell, die Luke zu!«, brüllt einer von unten
und reißt mich aus der Panikstarre. Gerade noch
rechtzeitig, denn kaum habe ich die schwere Stahl-
klappe mit lautem Knall zugezogen, kracht etwas
dagegen, und durch das Sichtfenster flackert der
helle Schein eines zerborstenen Mollis ins Innere des
vom Fanprojekt angemieteten Transportpanzers. Mit
normalen Bussen fahren wir schon lange nicht mehr
zu Auswärtsspielen in den Osten. Das wäre glatter
Selbstmord.

Der Fahrer lässt den Motor aufheulen. Zügig Fahrt
aufnehmend, durchqueren wir die Altstadt von Riesenbeul, ein wirres Ensemble aus abgeranzten Plat-
tenbauten, dessen Zentrum eine gigantische Plaste
von Stalins Mutter bildet, zu deren Füßen frische
Distel- und Brennnesselsträuße liegen. Neben mir
kritzelt Herr Molf hektisch wie ein Stenograph: Der
offizielle Fanbeauftragte führt eine Strichliste für
jeden Brandsatz, der an der Panzerung des Fanmo-
bils zerschellt, um sie am Folgetag im Rahmen der
üblichen Beschwerde beim DFB einzureichen.

Obwohl wir mittlerweile an die vierzig Sachen
draufhaben, gelingt es noch immer einigen der An-
greifer, sich unter lautem Gebrüll von außen an das

Fahrzeug zu klammern. Von weitem muss das Ganze wirken wie ein fahrender Vogelfelsen im grauen Nordatlantik. Erst als wir die Scheibenwischer einschalten und einige gewagte Schlingermanöver ausführen, fällt einer nach dem anderen mit hässlichem Kreischen hinunter.

Der erste Ansturm scheint überstanden, und die Mutigeren nehmen schüchtern das Biertrinken und Grölen wieder auf. Vorsichtshalber haben wir uns alle in Schwarz-Rosa geworfen. Denn zwar vermögen die Riesenbeuler mit ihren hochsensiblen Rüsseln nicht nur auf große Entfernungen hin Aas, sondern auch innerhalb weniger Sekunden die Anhänger eines Westvereins zu erschnuppern, doch exakt die durch die Mimikry gewonnenen Sekunden können diesen zur Flucht oder wenigstens zu einem vergleichsweise raschen und gnädigen Suizid verhelfen.

Gegenzuhalten wäre jedenfalls zwecklos. Ein paar mitfahrende Hooligans der Kategorie C, die hier wohl was lernen wollten, schütten Kleine Feiglinge in sich hinein. Sie haben ihre Nervenstärke offensichtlich überschätzt: Rastlos lassen die als Nonnen verkleideten Möchtegernhauer Rosenkränze durch die zittrigen Finger gleiten und winseln Unzusammenhängendes, dem ich nur die Worte »Mama«, »nie wieder«, »Gott« und »nach Hause« entnehmen kann.

In der Ferne taucht nun endlich die altehrwürdige Thor-Ulbricht-Kampfbahn des KSK Reaktor auf. Wir parken den Panzer auf dem Gästeparkplatz. Im Eilschritt scheuchen uns die Sicherheitskräfte, die auch 20 Jahre nach der Wiedervereinigung noch stolz die graugrünen Uniformen der Volkspolizei tragen, ins Stadion.

Dessen Aufteilung scheint relativ schlicht. Wir selber werden in den winzigen, von Wachtürmen umgebenen Gästeblock aus Geröll getrieben, durch dessen Mitte die offene Kanalisation von Riesenbeul verläuft. Links und rechts von uns erstrecken sich an den Längsseiten zwei zweckmäßige Tribünen aus Polybetonal, jeweils gefüllt mit fünftausend mordlustigen Reaktor-Hools, vor denen wir nur durch ein paar Gitterstäbe geschützt sind. Am entfernten Ende der Kampfbahn liegt schließlich der Bereich für hiesige Familien und Normalos. Er ist völlig leer.

Als uns die Einheimischen erblicken, bricht ein Hagel von Wurfgeschossen über uns herein: Pyrotechnik, Morgensterne, angespitzte Hakenkreuze, Katzenkadaver. Von den Wachtürmen herunter leert der Ordnungsdienst mit Urin gefüllte Fässer auf unsere Köpfe. Wir sind praktisch schutzlos, auch weil wir, angeblich um der Sicherheit willen, sämtliche Kleidung und Schuhe am Eingang zurücklassen mussten. Wer sich darüber beschwerte, kam sofort nach Bautzen.

Die sehenswerten Choreographien der Heimfans entschädigen allerdings für einiges. Kurz vor Beginn des Spiels bilden sie auf der Gegentribüne durch das Hochhalten verschiedenfarbiger Papierbögen einen großen schwarzen Wolf, der ein kleines rosa Schweinchen frisst. Das Schweinchen trägt, die größte denkbare Demütigung in diesem homophoben Milieu, Strapse in unseren Vereinsfarben.

Nackt, vollgepisst und aus vielen Wunden blutend, warte ich auf den Anpfiff. Sogar meine Eintrittskarte haben sie kaputtgerissen. Dennoch bereue ich keinen Moment lang, hier zu sein. Der Besuch eines Auswärtsspiels ist immer eine großartige Gelegenheit, eine fremde Stadt und ein neues Stadion kennenzulernen und sich mit den Fans anderer Vereine auszutauschen. Denn letztlich verbindet uns ja doch alle die Liebe zu ein und derselben Sache.

Herbst im Saarland

Es ist Herbst geworden in der subfranzösischen Ostprovinz. Warum man das desperate Sumpfgebiet um Saarpuddel und St. Affenzahn vor über 55 Jahren wieder dem Bundesreichsgebiet zuschlug, weiß inzwischen keiner mehr so recht zu sagen: Korruption munkeln die einen, Erpressung die anderen, Drogen alle zusammen. Denn gerade im Herbst entfaltet die faulig-fade Schlickbracke zwischen Saarelend und St. Nimmerlein all ihre ekelerregende Scheußlichkeit mit der Verve eines wahnsinnigen Massenmörders, aus dessen After bissige Riesenameisen gekrochen kommen.

Alles ist so schlimm, dass es schlimmer nicht mehr geht. Auch deswegen ist das Saarland gewiss das einzige Land der Welt, in dem Herbstreisen zur Zwangsarbeit in belgischen Schwefelbergwerken reißenden Absatz finden. Im nebligen Tann singt die Saarkrähe ihr heiseres Lied. Oder ist es der saarländische Volkssänger Jacques Schönhuber? Mit Gewissheit weiß das keiner zu sagen. Ende Oktober, wenn Zierakne und Rankmuchte längst verblüht sind, werden auf den Almen am Hohen Tattergreis die Kühe abgetrieben. Im warmen Stall gucken sie traurig zu, wie nebenan die Kälberföten an die Säue verfüttert werden.

Das Saarland wird nun winterfest gemacht. Kleinere Ortschaften wie St. Laber oder Saarschwein werden abgebaut und bis zum Frühjahr im Keller der Hauptstadt Saarbrücken zwischengelagert. So schafft man Raum für die platzaufwendigen Traditionswintersportarten wie Zwergenslalom oder Ranrubbeln.

Immerhin kehrt im Herbst endlich einmal so etwas wie Ruhe ein. Der Dummschiss, dieser traditionelle aus ununterbrochenem, sinnlosem Geschrei bestehende Kommunikationsersatz, wird vom Nebel dermaßen gedämpft, dass man zuweilen sogar ganze Wörter zu verstehen glaubt.

Der Blessgeier legt hingegen hektische Aktivität an den kürzer werdenden Tag. Mit alten Autoreifen und radioaktivem Abfall aus Atomkraftwerken des französischen Mutterlandes verstärkt der saarländische Wappenvogel sein Lager zu einem veritablen Winternest.

Dort schnarcht er, derweil es sich die »Spuckefresser«, wie die Saarländer von ihren pfälzischen Nachbarn liebevoll genannt werden, in ihrer Hütt so richtig gemütlich machen. Es muss eben doch nicht immer ein belgisches Schwefelbergwerk sein. Bei einer Tasse kochend heißem Blubberschweppes spielen sie nächtelang Wurstpeter »um die Ehre«, worunter man im Saarland gemeinhin rein gar nichts versteht. Im Hintergrund läuft eine traulich knisternde DVD mit Bildern von griechischen Waldbränden, während draußen der eisige »Püstewind« um Hütt, Garasch und Vor-Jardin pfeift.

Manchmal wird es hier schon relativ früh empfindlich kalt: So fror im Jahre 1832, ausgerechnet zur Zeit des großen Superschmachts, die Pissbach bereits im Oktober derart fest zu, dass man auf ihr Hamstertennis spielen konnte. Zahlreiche Bewohner des abartigen Bundeslandimitats im Liliputformat froren sich buchstäblich den Arsch ab. Noch heute finden Angler statt des begehrten »pickligen Schlammflossers« im Uferschlamm lediglich Unmassen von Hüft-, Becken- und Steißbeinknochen. Der saarländische Nationalheilige Frère Schacke versuchte damals die Not der Bevölkerung zu lindern, indem er Hütt für Hütt in Brand steckte. Das sorgte allerdings nur für einen überschaubaren Zeitraum für Linderung, wie er kurze Zeit später durchaus selbstkritisch zur Kenntnis nahm. So finden sich im »Buch der doppelten Erkenntnis« die erschrockenen Worte dokumentiert: »Oh là là – wasch en Erreur!«

Familie im Zug

Das Paar um die vierzig macht eine Menge her für ein Alter, in dem sich ästhetisch so langsam die Spreu vom Weizen trennt: Er – graues Bärtchen, graues Jackett, grauer modischer Kurzhaarschnitt – spricht von Dreharbeiten. Sie trägt eine knallgrüne Strumpfhose zum kurzen Rock und redet von einem wichtigen Meeting, aus dem sie vorzeitig rausmusste, wegen der Zugfahrt und der zwei kleinen Kinder.

Mit denen sitzen sie an einem Vierertischchen im Großraumwagen, dazu viel Gepäck, Spielzeug, Aufmerksamkeit, gesundes Essen und gesunde Getränke. Ich sitze am Vierertisch daneben und trinke seit Berlin Ostbahnhof Bier.

Sie sind am Hauptbahnhof zugestiegen, aha, denke ich, Prenzlauer Berg, aber eigentlich verspüre ich wenig Lust, das überstrapazierte Stereotyp noch weiter breitzutreten. Dann heißt es nur wieder: Der ist ja bloß frustriert und neidisch auf unser Leben, unser Geld, unsere Kinder, unseren Style, unser Vierertischchen, was weiß ich.

Ich bin aber nicht neidisch, das habe ich auch gar nicht nötig: Ich hab ein eigenes Leben und ein eigenes Vierertischchen, wenn auch voller Fremder, die meinem Blick ausweichen und stattdessen mein Bier anstarren – wer möchte, kann das durchaus auch im übertragenen Sinn verstehen.

(Nur manchmal in dunklen Nächten, wenn ich nicht

schlafen kann, denke ich daran, wie es wäre, wenn ich jetzt im Spätherbst nachmittags zu Hause an meinem After-Eight-dünnen Apple-PiePadPod über einer kackwichtigen Kampagne säße. Im Kaminfeuer knisterten traulich überzählige Geldscheine geringen Nennwerts. Unsere kleine Mara oder so käme mit roten Bäckchen aus dem Kindergarten nach Hause und stibitzte ihrer Mama – High Heels, trotzdem super in der Küche! – ein Dinkelplätzchen mit Oleanderhonig und aus dem Kühlschrank eine Broccolischorle. Fröhlich ein paar Zeilen Schopenhauer trällernd, die sie in Frühphilosophie gelernt hätte, liefe sie durch den Wintergarten unserer Dachgeschosswohnung in der Husemannstraße, anstatt schon Jahre zuvor einer von Geld- und Liebesmangel diktierten, überstürzten Abtreibung zum Opfer gefallen zu sein.)

Auch kenne ich schlicht zu viele Leute, die in beliebten Innenstadtbezirken wohnen, arbeiten, Eltern sind, nicht in Pappschachteln leben und trotzdem noch andere Themen als ihre auf unaufgeregte Weise gutgeratenen Kinder haben; Leute, die keine Menschen verachten, die nicht so sind wie sie, und nicht versuchen, jedes Zeichen städtischen Lebens um sich herum auszumerzen, kurz: die noch nicht komplett wahnsinnig geworden sind.

Ganz im Gegensatz zur Husemutti hier im Zug, das muss man leider so klar sagen – das Klischee frisst am Ende doch noch seine Kinder. Der Zug ist nämlich voll, am frühen Freitagabend Richtung Frankfurt. Der eine oder andere sitzt bereits im Gang und auf dem Boden. Glücklich sollte also sein, wer einen Vierertisch besitzt.

Aber nein: »Hier ist bestimmt bald keine Luft mehr

im Wagen«, nölt sie, derweil die Klimaanlage vorzüglich arbeitet. »Kein Sauerstoff. Das geht nicht. Zu viele Leute.«

Dann wäre es sicher das Beste, wir ziehen erst mal Hälmchen, wer am nächsten Nothalt namens Wolfsburg den Zug verlässt, damit die Heilige Familie besser atmen kann. Wie viele nach den Maßstäben der Prenzlauer Bitch wohl noch bleiben dürfen? Und wer? Ich bestimmt nicht – ich wundere mich ja schon, dass sie die Metapher von der »schlechten Luft« benutzt und mich auf meinen Bierkonsum nicht direkt anspricht.

In enger werdenden Schleifen wiederholt sie ihr Lamento. Der ganze Zug soll schließlich wissen, wie schlecht Deutschland seine geistige Elite behandelt. Sie hat unter Schmerzen das Gymnasium besucht, studiert, promoviert, Kinder geboren und das Loft mit Designerviererertischchen eingerichtet. Und dann stellen die einem noch nicht mal einen gesocksfreien Sonderzug mit integriertem Kinderparadies zur Verfügung – als wäre Leistung ein Makel, für den man sich schämen muss. Das ist mal wieder typisch Deutschland, in »den Staaten« läuft das völlig anders. Seufzend beugt sie sich über die Zeichnung ihres Jungen: ein Flugzeug mit vielen Fenstern, aus denen lauter fröhliche Gesichter blicken.

Das Erbe des alten Westberlins

Recht wohlwollend ging die Berliner Abendschau unlängst auf den Besuch des niederländischen Polit-clowns Geert Wilders ein: »Wilders provoziert, doch wird er nie rassistisch oder gar extremistisch.« Kein kritisches Wort über einen, der immerhin den Koran mit »Mein Kampf« vergleicht. Am Ende des Bei-trags werden noch zwei Sekunden lang Gegende-monstranten gezeigt, »die mit Wilders so gar nichts am Hut haben«. Zu Wort kommen sie nicht.

Das ist der Geist des alten Westberlins. Ich weiß noch, wie ich Mitte der 80er Jahre aus meinem baye-rischen Bergdorf in dieses sagenumwobene Eldorado aus Kreuz- und Schöneberg kam, wo sich David Bo-wie, Iggy Pop und Christiane F. die Klinke in die Hand und unter Aufsicht der jungen Ärzte die Nadel in den Arm drückten. Legendär, düster, morbide. Kom-mune 1, Linie 1, Pink Panther, Milchbar, Ex'n'Pop, Pinguin. Ich glaubte mich am Ziel meiner Träume. Bis ich zum ersten Mal die Berliner Abendschau sah.

Auf einmal wusste ich, dass ich in der provinziells-ten aller Provinzen gelandet war, denn im Vergleich zur Abendschau wirkte selbst die entsprechende Sendung des Bayerischen Rundfunks wie ein Hippie-magazin. Die Moderatoren schafften es mühelos, doppelt so alt zu wirken, wie sie waren, was die Zahl der Lebensjahre zum Teil in den dreistelligen Bereich rückte. Die Berichte waren so banal wie reaktionär.

Es war die Welt der Reinickendorfer Beamten und Wilmersdorfer Witwen. Stundenlang wurden Rentner vor Zoogehegen befragt, in denen wiederum neugeborene Uhus, Katzen oder Elefanten gezeigt wurden. Auf der anderen Seite wurde jegliche Form von Gegenkultur mit äußerstem Argwohn beäugt. Schon wer nur eine Tasse bunt anmalte, galt als Terrorist oder sechste Kolonne Moskaus.

Mit, neben und trotz der Abendschau lernte ich nun die Frontstadt Berlin kennen: kaum verhohlen faschistische Innensenatoren, eine brutale Prügelpolizei sowie ein unnatürlich blasser Bürgermeister namens Diebchen (?), der sich wie das Gespenst eines schlafenden Diktators über Generationen hinweg unauffällig im Sattel seines toten Pferdes hielt. Dazu die »Prominenten«, die die Stadt verdiente: Harald Juhnke, Brigitte Mira, Rolf Eden, Atze Brauner, Bubi Scholz, Dieter Hallervorden – ein verschnarchtes Gruselkabinett der absoluten Durchschnittlichkeit. In Bayern gab es Gerhard Polt, hier gab es Palimpalim. Sonst nichts. Iggy Pop und David Bowie hatten offenbar längst die dürren Beinchen unter die Arme genommen, und ich ahnte auch, warum. Ich war einem Schwindel aufgesessen.

Dabei waren die Westberliner auch noch unheimlich stolz auf ihren halbierten Metropolenverschnitt, der damals fast noch piefiger war als Westdeutschland. Alle verschlossen die Augen vor der Wahrheit, dass Berlin eine relativ schmutzige, arme und nicht besonders schöne Stadt war und ist. Damals obendrein noch unglaublich verstockt und konservativ.

Der chauvinistische Stolz auf die »eigene« Stadt gemahnt verdächtig an die Komplexe speziell der

Münchener und Hamburger: Frage irgendeinen Berliner, und er findet Hamburg gut. Frage irgendeinen Hamburger, und er findet Berlin garantiert schlecht: der immer gleiche, zwanghafte Abgrenzungsreflex des Pubertierenden gegenüber dem Erwachsenen.

Je kleiner die Stadt, desto schlimmer. Ich erinnere nur an einen satirischen taz-Artikel über das in der Tat völlig nichtssagende Dreckskaff Hannover und die zahllosen erzürnten Leserreaktionen aus dem Besiedlungsversuch zwischen Langenhagen und Langenweiler. Dieselben Menschen, die auf das zweifelhafte Angebot, man werde ihre Mutter ficken, lapidar mit »Viel Spaß. Ach ja, und grüß schön!« antworten würden, reagieren tödlich beleidigt, wenn sich jemand über ihren Wohnort mokiert.

Der Tenor war: »Du blöder Berliner Schmierschreiberling: Hannover ist ganz toll und cool und hat über tausend Ampeln, und im wahnsinnig bunten Stadtteil Oedefeld habe ich mal einen echten Türken (mit Bart!) gesehen, der Gemüse verkauft, und die Püppi-Bar in Hannover-Schmalhans hat freitags sogar bis elf Uhr auf!«

Ich verstehe nicht, wie Leute stolz auf ihre Herkunft sein können, auf etwas also, was weder ihre Schuld noch ihr Verdienst ist. Wie wenig muss man von sich selber halten, um sich mit einer Ansammlung von Häusern, Straßen und öffentlichen Bedürfnisanstalten zu identifizieren. Wenn ich so etwas lese, werde ich rot vor Fremdscham. Ich gehe sogar noch weiter: In solchen Momenten schäme ich mich, ein Wirbeltier zu sein, und wäre lieber ein Insekt, um noch die letzte mögliche Gemeinsamkeit mit dem Schreiber auszuschließen.

Exkurs Ende. Berlin hat sich seit dem Mauerfall zu einer halbwegs weltoffenen Stadt entwickelt. Die CDU kränkelt, Bolle ist pleite, Juhnke ist tot. Die Promis heißen jetzt Fil und Brad Pitt. Nur die Abendschau ist leider immer noch dieselbe.

Elf Freunde: Intim im Team

Es ist das schmerzhafte Los des Abwehrspielers: Schon zum zweiten Mal innerhalb kurzer Zeit habe ich beim Autorenfußball die außerordentliche Ehre, die blind abgefeuerte Granate eines meiner prominenten Mitspieler mörderisch in die Nüsse zu bekommen.

Doch Ehre ist nicht immer gleich Vergnügen. Im Gegenteil stehen diese beiden Bruderbegriffe einander oft unversöhnlich gegenüber wie Kain und Abel. Nach Luft ringend, wälze ich mich auf dem angefrorenen Kunstrasen. Wenige Minuten später geht es wieder. Ohne weitere Zwischenfälle bringen wir das Trainingsspiel zu Ende.

Hernach begutachte ich unter der Dusche meinen violett angelaufenen Zeugungsapparat. Auch dem einen oder anderen der Kollegen präsentiere ich das gute Stück zur Farbkontrolle.

Am folgenden Abend erzähle ich Q. beim Wein beiläufig davon. Sie wirkt sichtlich irritiert. »Du hast was …?«, macht sie einen auf Weltkatholikentag. »Ich würde ja nie auf die Idee kommen, in der Umkleide vom Fitnesscenter jeder fremden Frau meine Muschi vorzuführen.« Sie hat offenbar gar nichts verstanden.

Ich sehe grundsätzlichen Klärungsbedarf. »Mein liebes Fräulein«, beginne ich meinen Vortrag, »du hast offenbar gar nichts verstanden. Es handelt sich hier nicht um irgendwelche fremden Frauen, sondern um Männer. Um meine Fußballmannschaft. Wir kennen uns seit Jahren!«

Sie verschluckt sich übel und schnappt nach Luft, beinah wie ich am Vortag. Ich nutze die Chance zu einem bewegenden Monolog.

»Du hast überhaupt keine Ahnung, was das bedeutet. Wir sind eine Gemeinschaft, wir sind Brüder, wir haben keinerlei Geheimnisse voreinander. Unser Team verbindet weit mehr, als es beispielsweise das banale Band der Homoerotik vermag. Zwar spannt diese, ob latent oder offen, obendrein einen unsichtbaren Regenbogen über uns alle hinweg – von der Nummer eins bis hin zur Nummer zweiundzwanzig. Aber es geht um mehr. Wir schwitzen zusammen, wir bluten zusammen, wir duschen zusammen, wir trinken zusammen. Wir lachen zusammen und wir weinen zusammen. Wir kotzen zusammen. Wir streiten zusammen, wer die Bälle aufpumpen darf und wer vorm Minister einen Knicks machen muss. Wir sind wie ein riesiges Ehepaar aus elf Männern, alle mit behaarten dicken Waden.

Dieser Pakt«, hole ich zum finalen Schlag aus, »ist zum Beispiel noch weit bedeutender als die Liebe. Die Liebe ist im Vergleich zur göttlich wirkenden Kraft dieses archaischen Männerbundes nur eine Plastikrose, die in einer vollgepissten Rummelplatzpfütze liegt und dort vergeblich versucht zu blühen.«

An dieser Stelle steigere ich mich in einen pathetischen Rausch. »In der Geschichte gibt es unzählige magische Beispiele dafür, was Männer im Angesicht eines gemeinsamen Ziels einander sein können: die Weltmeistermannschaft von 1954, Hitler und Speer, Achilles und Siegfried, Hagen und Mettmann …«

Vor Ergriffenheit habe ich Tränen in den Augen. Meine Stimme versagt. Ich setze das Weinglas an und leere es in einem Zug.

»Dein Sack muss ja wirklich komplett im Arsch sein«, sagt Q.

Hunde, wollt ihr ewig beten?

Es ist Sonntag, der erste Mai 2011. Im Petersdom zu Rom findet die Feier anlässlich der Seligsprechung von Papst Johannes Paul II. (Beiname »Barszcz mit Ohren«) statt. Eigens zu diesem Zweck hat man den Sarkophag des Kandidaten aus der »Garage«, wie man die Seitenkapelle zur Lagerung der verstorbenen Päpste in flapsigem Kirchenfranzösisch nennt, gezogen. In einer Sprache, die zum Glück keiner versteht, murmelt Papst Benedikt (Beiname »Der Papst ohne Beinamen«) ein paar weihevolle Worte; das ZDF und Radio Maryja übertragen live.

Was im ersten Moment noch superwichtig klingt, ist jedoch nur eine Pflichtübung innerhalb der Hierarchie der postmortalen Papstbeförderungen: Seligsprechung, Heiligsprechung, Madigsprechung. Fast möchte sich hier der Eindruck verstärken, der Katholizismus sei keine Religion, sondern ein Irrenhaus voller Bürokraten, die nach streng festgelegten Prinzipien ihre eigenen Hirngespinste verwalten. Doch auf den zweiten Blick macht diese Klassifizierung selbstverständlich Sinn. Schließlich wäre es ja auch vollkommen verfehlt, ein UFO-Quartett ohne die Kategorien »Anzahl der Laserkanonen« und »Airbag gegen Meteoriteneinschläge vorhanden: ja/nein?« herauszubringen.

Die Seligsprechung als erste Stufe ist jedenfalls kaum mehr als die absolute Pflicht, eine quasi altersabhängige Muss-Beförderung für 08/15-Päpste, die nichts Schlimmeres verbrochen haben, als am Tafelsilber genascht oder den Holocaust abgenickt zu haben. Seliggesprochen wurde in der Vergangenheit folglich jeder dahergelaufene Neben-, Zwischen- oder Gegenpapst. Sogar dem Schimpansen Cheeta I. (Beiname »Der kreischende Papst«), den das Konklave 1801 aus Protest gegen die fortschreitende Säkularisierung auf den Heiligen Stuhl gewählt hatte, wurde diese Auszeichnung zuteil.

Die Kür beginnt hingegen mit der Heiligsprechung. Für diese gibt es klare Kriterien. Erste Voraussetzung ist eine zuvor erfolgte Seligsprechung. Ohne Seligsprechung gibt es keine Heiligsprechung – Überspringen gilt nicht. Vor der Heiligsprechung liegt eine hundertjährige Bewährungsfrist, in der der Seliggesprochene sich keine Schlägereien oder Trunkenheitsfahrten zuschulden kommen lassen darf, was ihm aufgrund seiner Verstorbenheit fast immer gelingt. Weitere unbedingte Voraussetzungen sind ein »Martyrium« oder der »Heroische Tugendgrad« sowie »im Falle des Nicht-Martyriums« zusätzlich der »Nachweis eines Wunders« (schreibt Wikipedia).

Der heroische Tugendgrad ist noch vergleichsweise einfach zu erreichen. Er besteht zum Beispiel immer dann, wenn man über hundert Homosexuelle persönlich auf den Pfad der Tugend zurückführen oder anderweitig in den Dienst der Kirche stellen konnte. Auch das Küssen des Bodens beim Besuch radioaktiv verseuchter Länder erfüllt bequem die Anforderungen.

Mit dem Wunder ist es schwieriger, denn darüber entscheidet die sogenannte Wunderkommission. Sie unterscheidet Hilfswunder, Wunder ersten, zweiten und dritten Grades sowie blaue Wunder, und nur die letzteren beiden werden von der Kommission als vollwertig anerkannt. So wurde Papst Moebius V. (Beiname »Der freche Papst«), der im Jahre 1211 für sich das Wunder reklamierte, einem »Chorknaben die Rosette versilbert« zu haben, für dieses Wunder des allenfalls anderthalbten Grades von der Kommission eigenhändig in einem Krötenpfuhl versenkt. Ein akzeptables Wunder mit ausreichend Luft nach unten konnte sich dagegen Papst Petrus Mueller VI. (Beiname »Der schwächelnde Papst«) auf den Zettel schreiben, als er 1888 beim 8:7 von Rapid Srebrenica gegen Pyro Stankovic nicht nur das Endergebnis und den Halbzeitstand (0:7), sondern auch die Zahl der Elfmeter (11) korrekt »vorherzusagen« wusste.

Sehr schwammig verhält es sich leider nach wie vor mit dem Qualifikationsmerkmal »Martyrium«. Hier entscheidet eine Publikumsjury, deren Urteil, um es einmal vorsichtig zu sagen, reichlich launisch ausfallen kann. Wo heute leichte Kopfschmerzen genügen, wird morgen müde abgewinkt, selbst wenn der entsprechende Kirchenfürst von Protestanten achtkantig durch den Fleischwolf gedreht wurde.

Fairer und nachvollziehbarer verläuft da schon die Madigsprechung, die Königsklasse unter den Sprechungen. Der jeweilige Papst muss einfach nur lange genug tot sein. Allerdings hatte ausgerechnet Papst Johannes Boius III. (Beiname »John-Boy«), der in der frühen Kreidezeit sowohl Selig- als auch Heiligsprechung noch in ungewöhnlich souveräner Manier absolviert hatte, das Problem, mit einer Körpergröße von einem Meter sechsundfünfzig das für einen madigzusprechenden Papst unbedingt vorgeschriebene Mindestmaß um gerade einmal vier Zentimeter zu unterschreiten.

Papst Johannes Paul II. hat in jedem Fall noch eine ganze Menge vor sich. Drücken wir ihm beide Daumen, kreuzweise.

Sommerhaus, sehr viel später

Der Sommer verabschiedete sich wie ein ungebetener Partygast: polternd und ein letztes Mal aufbegehrend. Er beleidigte noch einmal sämtliche anwesenden Frauen, musste mühsam zur Tür hinausgedrängt werden und brach draußen farbenfroh auf die Fußmatte. Herbstlaub. Ein prachtvolles Aufbäumen vor Tod und Zerfall, wie es sonst nur von frisch bombardierten Gotteshäusern erreicht wird, die im lodernden Feuerschein herrlich erstrahlen, bevor sie endgültig in sich zusammenstürzen.

Kalt war es geworden in unserem Sommerhäuschen. Der Garten lag nun fast den ganzen Tag im Schatten. Auch die Tiere froren. Die Kraniche und Wildgänse verdufteten krakeelend gen Süden. Es war für dieses Jahr unsere letzte Nacht hier draußen.

Mit hereinbrechender Dunkelheit wurde alles klamm. Die Kleidung, die Bettwäsche, wir selbst. Zitternd versuchten wir, einander unsere Körperwärme zu schenken. Wir, das waren zunächst einmal Q. und ich. Wir hatten bereits die Nachtmützen auf, das Licht gelöscht sowie ein abschließendes Gutenachtküsschen geteilt, von dem man ja nie weiß, ob es nicht das letzte ist, vor allem, wenn die Nacht so kalt … Jedenfalls klopfte es da erst leise und dann zunehmend energischer (um nicht zu sagen: verzweifelter) wie von Hunderten von Flügeln und Pfoten gegen die Fensterscheibe.

Schließlich erbarmte ich mich – was blieb mir bei dem Lärm auch anderes übrig – und öffnete die Tür. Dort standen mehrere Hundert Tiere und begehrten bibbernd Einlass. Überrumpelt und müde gab ich zu bedenken, dass in unserer kleinen Hütte nicht wirklich Platz für alle sei, geschweige denn im Bett. Doch eine Ameise führte recht geschickt die Verhandlungen, indem sie versprach, man werde sich selbstredend klein machen und unsere Nachtruhe praktisch überhaupt nicht stören. Des Weiteren appellierte sie an unser Mitgefühl, unsere Verantwortung und nicht zuletzt auch eine Art Gewohnheitsrecht: Sie, die Tiere, wohnten nun mal sehr viel länger in diesem Wald, den wir erst vor wenigen Monaten bezogen hätten. Und es habe mit den Vorpächtern des Datschengrundstücks eine langjährige Übereinkunft gegeben, dass man je nach Bedarfslage jederzeit beieinander übernachten dürfe. Und diese Bedarfslage wäre ja nunmehr eindeutig gegeben.

Ich wollte auf keinen Fall uncool wirken. Auch erschien es mir in dem Moment allzu kleinlich, darauf hinzuweisen, dass unsere Vorgänger uns von dieser Vereinbarung gar nichts mitgeteilt hatten. Ich ließ die Tiere ein.

»Was ist denn?«, scholl es verschlafen vom Bett herüber.

»Rück mal bitte ein Stückchen«, gab ich zurück.

Nun hatten wir also den Salat. Natürlich störten die Tiere – die Ameise hatte uns reingelegt. Die Wildschweine schnarchten, die Igel pikten und ständig hatte man irgendein Geweih, einen Schnabel, Huf oder Krallen im Kreuz. Überdies nutzten einige

Tiere die zwangsläufig intime Situation schamlos aus.

Neben mir atmete ein Storch immer schneller, im selben Rhythmus grunzte ein Dachs. Und auch wir selber blieben nicht verschont. »Lass meine Frau in Ruhe«, zischte ich empört und musste mehr als einmal einer Kohlmeise auf die frechen Flügel klopfen. Irgendein im Dunkeln nicht näher zu identifizierendes riesiges Tier drängte sich derweil mit allem, was es hatte, von hinten gegen meine himmelblaue Frotteeschlafanzughose.

Trotzdem schliefen wir irgendwann ein. Als wir zitternd aufwachten, war es bereits heller Tag. Die Tiere waren weg. Alles war unheimlich klamm und leider auch schmutzig. Ein böser Traum? Nein, denn auf einem frischen Kackhaufen lag ein Zettel: »Wo bleibt das Frühstück? Danke für nichts, ihr Vollspasten!« Die Sommerhaussaison war endgültig vorüber.

Die Liebe im Saarland

Im November blüht der Saarländer noch einmal so richtig auf. Der Regen in dieser Westwalachei für Superarme ist so kalt, dass er auf den blaurot gefrorenen Händen schon wieder warm wirkt. Auch mischen sich tiefgraue und schwarze Wolken unter die gewohnten mittelgrauen, die dadurch nun vergleichsweise freundlich wirken. Fehlgeleiteter Optimismus und verirrte Frühlingsgefühle sind die antizyklische Folge; der Saarländer unterbricht seinen Winterschlaf für den, wie er ihn nennt, »Wonnemonat November«.

Plötzlich erwacht das Interesse fürs jeweils andere Geschlecht. Erotisiert stieren Saarmädchen und Saarjunge einander auf die klobigen Puschen im Gossenschlamm. Funkt es, spuckt sie ihm fettigen Unrat ins Gesicht und stiebt heiser wiehernd davon. Er verfolgt sie bis vor ihre Hütt, wo er das Schlafzimmerfenster mit einem blumengeschmückten Wackerstein einwirft. Antwortet die Angebetete mit lärmendem Gezänk, so ist das bereits die halbe Miete. Ermutigt lässt der Liebeswerber ein schrilles Gebrüll vom Stapel, des ungefähren Inhalts, sie solle auf der Stelle rauskommen, sonst werde er ihre Hütt mit Blubberschweppes übergießen, anzünden und ihre Sippschaft mit dem Hamsterracket verprügeln. Sobald die Liebste in Leidenschaft und Wut entbrannt aus der Tür stürmt, verfängt sie sich im listig aufgespannten Fangnetz des Geliebten. Mit dieser Zeremonie sind die beiden Mann und Frau, und im selben Netz schleppt der frischgebackene Ehemann die vor Glück Zeternde heim in die eigene Hütt.

Mit dem »Bürschteln«, wie man links und rechts der Pissbach sagt, müssen sie jedoch noch warten, denn das tut man traditionell nur einmal jährlich – dafür dann aber richtig: Am zweiten Donnerstag des Wonnemonats pilgern sämtliche 2543 Blendfranzosen auf den Hohen Tattergreis, um dort unter den Klängen des Jekreisches kollektiv der körperlichen Liebe zu frönen. Da wird das »Canasta«, wie das saarländische Kamasutra heißt, hoch- und runterdekliniert – die berühmtesten Stellungen sind der »Begrabene Hund«, die »Tobenden Salamander auf dem gespreizten Wäscheständer« und nicht zuletzt der hochkomplizierte »Überbackene Camembert«. Folgerichtig haben die Hilfsfroschfresser alle im August Geburtstag. Wegen der hohen gesellschaftlichen Relevanz bringt »Vorgeschtern«, die aktuelle Abendschau des Saarfunks, eine großzügige Zusammenfassung des Ereignisses, die den Schulen zugleich als willkommenes Aufklärungsmaterial dient. Auf diesen »Bürschteldonnerstag«, den wichtigsten säkularen Feiertag, folgt der inoffizielle Bürschtelfreitag. Den postkoitalen Brückentag widmet man dem rituellen Reinigen der angegriffenen Geschlechtswerkzeuge in einer Art Torfessiglauge, dem sogenannten »Bürschtelsud«.

Die pauschale Beschränkung der sexuellen Aktivität auf einen einzigen Tag erweist sich als praktisch: Saisonal beschäftigte Hebammen arbeiten im Winter als Skilehrerinnen; die wertvollen Nächte bleiben dem

Wurstpeterspiel vorbehalten; die Wiesen am Hohen Tattergreis werden wenigstens einmal im Jahr gründlich gewalzt. Doch es gab auch eine Zeit vor dem Bürschteldonnerstag. So war der saarländische Nationalheilige und Volksbefruchter Frère Schacke einst sogar dafür berühmt, dass er – egal ob Mensch, Tier oder fette Fleischbrühe – ohne Luft zu holen ganzjährig nagelte, was Augen besaß und nicht bei minus anderthalb auf dem Saar-Tower war und hinter sich die Strickleiter hochgezogen hatte.

Eine angestauchte Nebenhode, zugezogen bei einer Prügelei mit dem Volksbarden Jacques Schönhuber, ließ Schacke schließlich umdenken. Hinfort besann er sich wieder auf seine Frau Gisela (»Die Schielohrige«) und predigte Mäßigung, nachzulesen in der zweiten Sammelsure aus dem Hohen Offenbarungseid im »Buch der doppelten Erkenntnis«: »Du, der da bürschtelt: Bürschtle der einen nit, so der anderen. Der dritten aber freilichermals auch nit und nit der vierten. Und du, die da bürschtelt: Bürschtle dem einen nit, so dem anderen. Dem dritten aber freilichermals auch nit und nit dem vierten. Ihr, die ihr da bürschtelt: Bürschtelt einemals im Jahr auf dem heiligen Berge, bürschtelt gründlich und bürschtelt dannemals nit.«

Moralanfälle

Kein Wunder, dass mich gerade im Winter gern einer dieser Moralanfälle ereilt, die mich gelegentlich die eigene Nutzlosigkeit verfluchen lassen.

Den ganzen Abend lang liege ich auf dem Sofa und glotze die englische Adelsserie »Downton Abbey«. Zwischendurch schicke ich das Personal nach draußen in die Kälte, um mir vom Vietkong ein leckeres Take-away holen zu lassen. Grob feixe ich wie ein reichlich rauer Bursche über das Gesehene, um zu überspielen, dass ich an einem riesigen Rührungstränenknödel kaue. Danach ratze ich zehn Stunden lang wie ein depressives Murmeltier.

Am nächsten Morgen will ich mal wieder nicht aufstehen. Ich muss auch nicht – keiner zwingt mich, braucht mich oder wartet auf mich. Die Kinder sind noch tot, ich muss nicht das Land regieren, und die Kühe wollen nicht gemolken werden. Ich habe keine Interessen, keine Pflichten, ich habe überhaupt nichts Nützliches zu tun. Ich bin eine Drohne – ich glaube, so nennt man im Tierreich »Freiberufler« wie mich. Die paar Zeilen, auf die ohnehin keiner wartet, kann ich auch später zusammenschmieren, am Nachmittag, morgen oder am besten vielleicht auch gar nicht: Über meine Texte lachen sowieso nur böse Menschen, und böse Menschen zum Lachen zu bringen ist im Grunde noch schlimmer, als niemanden zum Lachen zu bringen. Böse Menschen sollen wei-

nen – dafür zu sorgen wäre eine sinnvolle Beschäftigung.

Immerhin weine ich jetzt in meinem weichen Bett.
Ich bemitleide mich selbst für mein mangelndes Mitleid für andere Menschen, meine eigene Dekadenz
macht mich krank. Apropos krank: Wo bleibt eigentlich mein Kaffee? Ich hab zwar nicht die geringste
Eile, aber trotzdem dauert mir das hier alles irgendwie zu lange.

In der zweiten Staffel gestern Abend, die zur Zeit
des Ersten Weltkriegs spielt, lässt sich Lady Sybil,
die jüngste Tochter des hohen Hauses, die noch nicht
mal Wasser kochen kann, weil sonst alles immer die
Dienstboten machen, zur Lazarettkrankenschwester
ausbilden. Sie will endlich mal was Nützliches tun,
sagt sie. Wie recht sie hat. An ihr sollte ich mir ein
Beispiel nehmen. Das würde mich auf lange Sicht bestimmt besser draufbringen. Schluss mit dem Gejammer und die Sachen gepackt für den Dienst an
der Menschheit!

Ich könnte ja ebenfalls Lazarettkrankenschwester
werden. Mit so einem weißen Häubchen auf dem Kopf
den sterbenden Soldaten die Hand halten. Ein Traum.
Ein schlimmer Traum, der aber geträumt werden
muss. Ich sollte einfach meine Erfahrungen von der
Lesebühne übertragen: Da gucken die Zuschauer
auch oft wie sterbende Soldaten in einem immer er-
barmungsloser geführten Krieg der subkulturellen
Unterhaltungsformate. Gewiss sind, wie gesagt, die
meisten böse, aber allein dadurch, dass sie zu unserer
Veranstaltung gekommen sind, auf eine schrille Art
auch wieder gut. Deshalb möchte ich sie meine ganze
Liebe spüren lassen. Natürlich muss ich dabei ver-

meiden, eine allzu offensichtliche Erektion zu zeigen – das wäre superunprofessionell –, aber man kann schließlich nicht nur mit dem Körper, sondern auch mit Worten Liebe schenken. Mit ein bisschen gutem Willen seitens des Empfängers sogar mit bösen und gemeinen Worten.

Leider ist der Erste Weltkrieg schon vorbei. Ich muss mir also was anderes suchen, doch zum Glück gibt es auch heutzutage genügend Betätigungsfelder für Samariter und Empathen. Ich fliege einfach nach Darfur oder so, obwohl ich ungern fliege (!), und sorge dafür, dass in den Überschwemmungsgebieten dort die Mädchen sicher zur Schule gehen können und nicht Piratin werden müssen.

Ich glaube allerdings kaum, dass ich gleich von heut auf morgen komplett aus meiner alten Hedonistenhaut kann. Im Hostel von Darfur werde ich auf jeden Fall ein Einzelzimmer nehmen, weil ich es echt nicht aushalte, wenn einer schnarcht. Dann so jeden Monat eine halbe Stunde früher aufstehen, also irgendwann um halb elf, dann um zehn und am Ende vielleicht sogar um halb zehn. Für so humanitäre Hilfsaktionen muss man sicher ziemlich früh aus den Federn sein, da mach ich mir nicht die geringsten Illusionen, ich bin ja nicht naiv, die Welt ist mein Zuhause.

Ich denke, das Frühaufstehen ist sowieso das Härteste überhaupt an der ganzen Sache, denn beim Helfen selber gucke ich sicher besser erst mal nur zu. Ich will nichts falsch machen, davon hätten die armen Menschen ja auch nichts, im Gegenteil. Die ersten Monate schreie ich bestimmt eh nur »huch« und »oje, oje« und so – an das Elend muss sich jeder erst gewöhnen.

Vielleicht fange ich auch eine Nummer kleiner an. Schließlich kann man mittlerweile auch über das Internet gut und nützlich sein. So wirbt ein Werbebanner bei GMX: »Werden Sie jetzt Pute!« Und über einem Bild von Ulrich Wickert: »Unterstützen Sie ein Mädchen wie Tahira mit nur 28 Euro im Monat.« Die könnte ich dann zum Beispiel beraten, dass sie, wenn sie schon so eine teure Kampagne entwerfen, wenigstens einen Schrifttyp wählen, bei dem sich die Vokale unterscheiden. Ich denke, das allein wäre schon ein gutes Werk.

Jetzt kommt ohnehin erst mal der Kaffee. »Danke, Schnuckelmaus«, sage ich zum Personal, weil die in »Downton Abbey« auch so ähnlich mit den Dienern reden. Das ist für mich leider auch das Unglaubwürdigste an der Serie: Es menschelt dort derart, als hätte der Heiland hektoliterweise Heiligen Geist aufs gräfliche Schloss geschifft. Zugleich ist das aber auch das Schönste.

Der seifige Pfad des Schweigens

»Müssen wir in Kino eins oder in Kino zwei?«

»In Kino zwei.« Der Kartenabreißer verzieht keine Miene, schiebt aber trotzdem nach: »Steht drauf.«

»O ja, natürlich.« Ich werfe einen Blick auf meine Eintrittskarte: »Kino zwei« steht fett über die gesamte Breite gedruckt. Sonst nichts. Ein Hauch Schamesröte huscht mir über das Gesicht. Wie oft wird sich der Abreißer diese blöden Fragen gefallen lassen müssen: »Muss ich in Kino eins?« »Ist das in Kino zwei?« »Kino eins oder Kino zwei?« »In welchem Kino läuft denn bitte ›Der seifige Pfad des Schweigens‹?«

Den ganzen Abend über darf er sich das anhören, und ich bin keinen Deut besser als die anderen, ein tumber Trottel, der dem Personal bräsig die Last der eigenen Denkfaulheit aufbürdet. Er ist ein Fußabtreter meiner Feierabenddekadenz, das habe ich ihm ja nun weidlich demonstriert. Oh Gott, wie ich mich schäme!

Ich kann seinen Hass, den er im Moment noch aufs bewundernswerteste verbirgt, nur allzu gut verstehen: Wäre ich er, würde mir die Dummheit der Kinobesucher die ganze Arbeit vergällen. Ich würde an ihr, an der Unaufmerksamkeit der Menschen und schließlich am Leben überhaupt verzweifeln. Was hätte ich mich anfangs darauf gefreut, hier in diesem schönen Programmkino zu arbeiten, mit den schönen französischen Programmkinofilmen, herrlich prätentiöse Kunstkacke mit langhaarigen Frauen und freudlosen Männern, die gelangweilten Blickes an einsamen Stränden stundenlang schnittlos ins Leere labern und sonst gar nichts tun, wozu auch: chercher le Laber, chercher la femme, chercher le Sinn.

Oh, wie hätte ich mich an seiner Stelle gefreut auf intellektuelle Kreuzberger Cineasten mit feinen weißen Baguettebröseln auf dunklen Mänteln in dezentem Schick, die noch eine Stunde nach dem Abspann andächtig den Staub auf dem zugezogenen Vorhang mustern, die mich an der Kasse fragen, ob ich den Rotwein empfehlen könne oder ob denn nicht der Nebendarsteller in »Der seifige Pfad des Schweigens« ebenjener Claude Coiffeur sei, der damals in »Das Leben ist ein lahmer, lauter Bus« bloß diese eine winzige Szene hatte, in der er so unnachahmlich einmal ganz kurz um die Ecke geguckt hatte, mit so einer Art beiläufiger, argloser Listigkeit, unverwechselbar, unvergesslich, während der Hauptdarsteller vor einem Bistro mit seiner Exfrau stundenlang in nur zwei Einstellungen über gar nichts laberte. Stattdessen fragen sie mich doof: »Kino eins oder Kino zwei?«

»Kino zwei«, murmele ich resigniert und schlucke Tränen der Wut und Enttäuschung hinunter. Von wegen Cineasten! Einmal mehr muss ich feststellen, dass es weit anspruchsvoller und erfüllender gewesen wäre, den Insassen einer Schimpansenaufzuchtstation die Bedeutung verschiedener Tafeln mit Hilfe sanktionierender Bananenzuteilung beizubiegen.

In meinem Rücken hängt nämlich ein riesiges Schild, auf dem steht: »Kino eins: ›Das Lächeln des Lotosblumenzaubergartenverkäufermädchens‹; Kino zwei: ›Der seifige Pfad des Schweigens‹« – daneben die jeweiligen Anfangszeiten. Keiner scheint den Hinweis zu verstehen. Vielleicht sollte ich ihn austauschen gegen: »Einmal aufs Billett geschaut, macht sofort mit dem Saal vertraut.« Oder: »Wer Überflüssiges fragt, wird erschossen!«, womöglich wäre das klarer.

Doch schließlich ist das alles nicht mein Bier, sondern eher das des Kinomitarbeiters. »›Der seifige Pfad des Schweigens‹ fängt jetzt an«, weckt der mich nun aus meinem Tagtraum. »Danke«, schrecke ich hoch, »welches Kino war das noch mal gleich?«

Süßer die Glocken nie klingen ...

Als junger Mann soff ich manchmal bis zum Erbrechen. »Carpe diem«, dachte ich und hätte mich nach einem Gelage ohne anschließendes Kotzen seltsam leer gefühlt, so, als fehle da noch irgendein krönender und sinnstiftender Abschluss – ein bisschen wie nach einem Geschlechtsverkehr ohne Orgasmus, einem Fußballspiel ohne Tor oder einer Autofahrt ohne Unfall. Zuweilen trank ich sogar nach dem Göbeln weiter.

Obwohl ich nach wie vor ein »geselliger Mensch« bin, wenn man einen latent alkoholgefährdeten Klemmi so bezeichnen möchte, sind diese extremen Zeiten längst vorbei. Vollräusche kosten mich mittlerweile bis zu drei Tagen Kreativität, Gesundheit und Glück, und hinterher frage ich mich immer: Wozu soll das Ganze bloß gut gewesen sein?

Nur im Dezember weiß ich es noch immer genau: Für mein Leben gern gehe ich mit »Freunden«, wenn man Leidensgenossen aus dem Trinkermilieu so bezeichnen möchte, auf den Weihnachtsmarkt, wo wir uns feierlich abfüllen: Es gibt flüssiges Kopfweh aus Glühwein, Eierpunsch, Jagertee, heißem Apfelwein, Feuerzangenbowle und Schnäpsen – süßer die Glocken nie klingen ...

Der geeignete Stand unserer Wahl besitzt einen Stehtisch, denn in dessen Schutz kann man im Gedränge unbemerkt urinieren, während man sich besinnlich betrinkt. Liebe liegt in der kalten Luft: Endlich duftet es nach Weihnachten, diesem einzigartigen Aroma aus gebrannten Mandeln, Bratwürsten, Chinapfanne, heißem Sprit und Ammoniak. Zu fortgeschrittener Stunde grölen wir Weihnachtslieder. Manchmal gibt es auch eine kleine Schlägerei mit anderen »Weihnachtsmarktbesuchern«, wenn man Viertesquartalssäufer so bezeichnen möchte. Doch die Schlagringe sind frisch erworbenes Kunsthandwerk und die Hiebe versöhnlich gedämpft.

Sobald die Buden zu schließen drohen, sind wir regelmäßig in »ausufernder Weihnachtsstimmung«, will heißen: Oberkante Unterlippe. Erwachsene Männer bestechen, schmeicheln, flehen auf Knien um ein letztes Tässchen heißen Promilletee, um »den gemütlichen Abend zu verlängern«, wenn man die Angst vor dem Entzug so bezeichnen möchte. Die Furcht vor den verheerenden Folgen dieser disparaten Mischung aus überzuckerten, hochprozentigen und minderwertigen Tinkturen spielt im Moment keine Rolle: »Carpe diem« – »Trinke den Tag«, selbstverständlich mit Schuss.

Nicht selten jedoch setzt die Panik schon auf dem »Heimweg« ein, wenn man den Halbliegendtransport saturierter Suchtkranker so bezeichnen möchte. So machte ich nach dem Besuch des Spandauer Weihnachtsmarktes einmal den Fehler, in der U-Bahn mit meinen »Augen«, wenn man die blutunterlaufenen Alksonden denn unbedingt so nennen will, die Sitze zu fixieren. Die U7 hatte damals gerade eine neue Polsterung mit dem inzwischen sattsam bekannten blaugrauroten Krisselmuster bekommen – eine Komödie fürs Auge, eine Tragödie fürs Gehirn, ein

Drama für den Magen: Bereits am Bahnhof Paulsternstraße musste ich dringend raus – das »futuristische Dekor« der dortigen Kachelwände, wenn man die Architektur gewordenen Delirien so bezeichnen möchte, gab mir magentechnisch den Rest. Ich wünsche den Anwohnern, dass die Rolltreppe inzwischen wieder reibungslos funktioniert, wenn es überhaupt eine Rolltreppe war – zumindest in meiner Erinnerung war es eine.

Am nächsten »Tag«, wenn man die diffuse Aneinanderreihung mit Kopfschmerz, Übelkeit und dumpfem Dahindämmern gefüllter Stunden so bezeichnen möchte, geht es einem natürlich entsprechend schlecht. Nur die sonst übliche postalkoholische Depression ob des Irrsinns dieser Selbstzerstörung fehlt nach dem Weihnachtsmarkt komplett. Man hat schließlich nur seine heilige Pflicht als Christ getan.

Damals bei uns zu Hause IV:
Der zweite Schnee

»Schneealarm! Alles aus den Betten!« Mit lautem Gebrüll schubste, zog und trat Vater mich um drei Uhr morgens aus meinem Weidenkörbchen im Hausflur, in dem ich eben noch, wie ein Wuselwürmchen zusammengerollt, selig geschlummert hatte.

»Auf geht's, Männer«, befahl er schelmisch mir und meinen sieben Schwestern, als wir gähnend und mit riesigen Alabasterschneeschaufeln bewaffnet nebeneinander in der Stockdunkelheit angetreten waren, um die Einfahrt zu dem Knusperhäuschen aus Kruppstahl freizuschaufeln, in dem wir wohnten.

Damals war es ja noch ganz anders als heute: Wenn es erst mal schneite, dann aber so richtig, und der zweite Schnee fiel immer am zweiten Dezember, danach konnte man die Uhr stellen. Während man den ersten Schnee, der stets am ersten Dezember wie ein kalter Bauer des Winters lachhaft vom Himmel fitzelte, aber so was von komplett vergessen konnte, bedeckte der zweite Schnee das ganze Land blitzschnell mit einer meterdicken Schneedecke. Wir Kinder kämpften uns mit letzter Kraft durch den heulenden Schneesturm. Die Schaufeln alleine genügten nicht, so dass wir zugleich versuchten, den Schnee mit unseren Körpern zu schmelzen und unseren weit offenen Mündern zu schlucken.

Bis zum dritten Dezember musste die Einfahrt picobello sauber sein, denn da kam die berühmte Schau-

spielerin Rapunzel Reimer zu Besuch, »die Reimer«,
wie Vater sie ehrfürchtig flüsternd nannte, beziehungsweise »die große Reimer«. Dabei fanden wir
Kinder sie in keiner Hinsicht groß, denn zum einen
passte sie selbst mit Stöckelschuhen noch aufrecht
unter unserem Türsturz hindurch, und zum anderen
beschränkte sich ihre schauspielerische Karriere
darauf, einmal in einem Pilotfilm für eine Zombie-
serie im dritten Programm eine tote Ratte gegeben
zu haben. Die Serie wurde dann schon während des
Vorspanns des Teasers abgesetzt und das Material
vorsichtshalber vernichtet. Auch Mutter verachtete
die Reimer. Vater war total verknallt.

»Hier ist nicht geräumt«, hörten wir vom Haus her
die Reimer die Einfahrt hoch keifen, mit ihrer ble-
chern schrappenden Reibeisenstimme, mit der sie
Tsunamis zurück ins Meer hätte scheuchen können.
Doch natürlich war die Einfahrt geräumt. Nur eine
einzige Flocke lag noch schmelzend da, über die hin-
überzuschreiten die Diva sich weigerte.

»Verzeih mir, gnä' Frau, Liebste«, eilte Vater ihr
entgegen, im Lauf den mitgeführten Wohnzimmer-
teppich in Streifen schneidend und ihr damit eine
Bahn auslegend, »die Kinder haben schlecht gearbeitet – ich werde sie den Hunden vorwerfen lassen!«

»›Gnä' Frau‹! ›Liebste‹!«, schnaubte neben uns Mutter in ohnmächtiger Wut.

»Das will ich hoffen«, schrillte derweil die Reimer,
»und denk dran: Es gibt schließlich immer noch den
Ingo.«

»Oh, nein.« Vater wurde blass. »Bitte nicht. Nicht
der Ingo!« »Der Ingo« war ein sagenhafter Verehrer,
mit dem die Schreckschraube jedes Mal drohte, so-

bald Vater mit weniger als zweihundert Prozent bei der Sache schien. Dem Vernehmen nach maß der Ingo an die siebzehn Fuß, hatte einen Waschbrettbauch mit dreißig Riffelstufen, mehrere große Batzen Geldes und den schwarzen Gürtel in Cunnilingus. Vermutlich existierte der Ingo gar nicht, und wenn doch, musste es sich um einen genauso bemitleidenswerten Trottel wie Vater handeln. Die Reimer war hässlich, wie die Nacht dumm war, wohingegen der vollkommene Liebreiz unserer guten Mutter auch im Vormärz ihres Klimakteriums ungebrochen ins Weltall strahlte.

Doch an diesem Tage blieb der Armen keine andere Wahl, als sich ins Turmzimmer zurückzuziehen. Von dort aus musste sie mit ansehen, wie unten Vater und Rapunzel Reimer wie zwei junge Ferkel rosig, nackt und quiekend durch den frisch gefallenen Schnee im Kräutergärtlein tollten.

Wieder und wieder warf Mutter nun in ihrem Schmerz ein irdenes Tässchen gegen die Wand der Turmstube. War das Tässchen entzwei, so warf sie die Scherben, waren die Scherben entzwei, warf sie deren Stücke so lange gegen die Wand, bis nur noch ein hauchfeiner Keramikstaub übrig blieb, den sie auch wieder gegen die Wand schleuderte, bis der Staub am Ende zu einer supramikroskopischen Substanz zerfallen war.

Dabei jammerte sie laut, und ihre Klage glich dem gellenden Wehgeschrei eines Hasen, dem eine Ladung Schrot die Klöten perforiert hatte. Wir Kinder konnten ihr leider nicht beistehen, da wir uns acht Mann hoch um die vergessene Schneeflocke in der Einfahrt kümmern mussten.

Irgendwann klingelte zum Glück meist das Handy der Reimer – angeblich war natürlich der Ingo dran –, und sie rannte flott davon, nicht ohne uns zuvor noch einen Stapel nach alter Kackwurst stinkender Autogrammkarten hinterlegt zu haben. Jahre später brannte sie dann tatsächlich mit Vater durch, doch, wie man hört, sollen die beiden nicht recht glücklich geworden sein.

Das letzte Abendmahl

Am frühen Adventsnachmittag begann es langsam zu schneien. Erst segelten nur wenige weiße Sendboten des Himmels sachte zu Boden, um die Botschaft des Weihnachtsmannes und seiner sieben Zwerge zu verkünden, doch stetig wurden es der kleinen gefrorenen Gesellen mehr.

Als es dämmerte, war das ganze Viertel von der weißen Pracht bedeckt. Selbst die Müllberge schimmerten wie herrliche Schätze. Sie schmeichelten meinen Augen so sehr, dass sie sich überquellenden Sautrögen gleich mit Tränen der Freude füllten. Zischend sog ich die kalte Luft zwischen den geschlossenen Zähnen ein. Ich war auf dem Rückweg von Aldi.

Aldi hatte zugehabt, doch heute machte mir das wundersamerweise nichts aus. Meine Seele badete in Demut. Mein von vorweihnachtlicher Besinnung durchwirktes Herz flüsterte mir ein, dass die Verkäuferinnen sich diese Pause redlich verdient hatten. Das ganze Jahr über hatten sie geackert wie die Hafennutten. Verkauft, kassiert, storniert. Sollten sie doch ruhig mal einen Sonntag lang die Füße hochlegen und dazu ein wenig süßes Gebäck knabbern.

»Heili-hig, heili-hig, heilig ist der Herre Zebaoth«, summte ich eine uralte Weise, »alle Lande sind seiner Ehre voll.«

Keine Ahnung, woher ich das hatte – Uriah Heep? Leise rieselte der Schnee. Ich hielt inne und horchte ergriffen in die Stille hinein. Plötzlich wurde mir bewusst, dass in diesem Moment überall auf der ganzen Welt Frieden herrschte. Für Sekunden ließen Mordbuben jedweder Couleur ihre blutigen Gerätschaften sinken, blickten einander in die Augen und sahen, dass sie Brüder waren. Beim Gedanken daran musste ich gehörig kichern – zur Feier des Tages hatte ich hie und da bereits vom heißen Zuckerschnaps genascht. Möge mir morgen die gute Muhme Aspirin das krause Köpfchen klären, dachte ich fröhlich. Da vernahm ich auf einmal ein leises Wimmern.

Ich stutzte. Das Geräusch war wieder verstummt. Sollte mir ein weihnachtlicher Wachtraum einen beleibten Bären auf den Buckel getackert haben? Oder foppte mich, wie so oft, mein rebellisches Unterbewusstsein?

Nein, ich hatte mich nicht geirrt: Da war das Klagen wieder! Ich vermochte den Ursprung nicht auszumachen, obwohl er sehr nah schien. Meine Augen wanderten über den Gehweg, über die Straße und an den Häuserwänden entlang: nichts. Das Wimmern ertönte erneut, von einem schmerzerfüllten Stöhnen begleitet. Immer aufgeregter rannte ich umher, schnupperte, spähte und lauschte. Alles ohne Erfolg, bis ich den rettenden Einfall hatte, zu rufen: »Wo bist du? Ich kann dich nicht finden!«

»Hier«, greinte ein dünnes Stimmchen, »hier unten.« Ich richtete meinen Blick auf den Boden und entdeckte eine geschlossene Blutspur, die von der Straßenkreuzung durch den frisch gefallenen Schnee geradewegs zu einem Kellerschacht führte.

Der Rost war abgehoben und beiseitegeschoben worden. Ich blickte hinein: Dort unten saß zitternd und frierend ein kleines Mädchen. Es war barfuß, trug nur ein dünnes Gewand aus recyceltem Toilettenpapier und weinte bitterlich. Ich half ihm aus dem finsteren Loch und legte ihm meinen alten Militärmantel um. Gern hätte ich ihm auch eine Zigarette geschenkt, wenn ich eine gehabt hätte. Aber Aldi war ja zu gewesen. Ich wollte mein Los gerade jaulend verfluchen, als mir einfiel, um wie vieles härter das Schicksal dieses unschuldige Kind getroffen hatte.

»Hast du denn gar keinen Menschen, der sich um dich kümmert?«

Traurig schüttelte das Mädchen den Kopf und berichtete mit stockender Stimme: Seine gesamte Familie war im umkämpften Nordsüdzipfel Balkonien-Karabachs ums Leben gekommen, und zwar infolge eines irrtümlichen Angriffs der Bundeswehrmacht.

Soldaten aus meinem eigenen Land hatten ihre Eltern und ihre dreizehn Brüder zu Brei gebombt! Sofort schluchzte ich wild auf vor Schuld. Hatte ich damals oft und lange genug gegen die angebliche Friedensmission protestiert? Nein, ich hatte mich vielmehr wie ein feiges Faultier im Bette geaalt und die Mächtigen gewähren lassen. Die Bomben hätten eigentlich mich treffen müssen, niemanden sonst.

Die Einsicht, dass es meine Landsleute gewesen waren, die das Mädchen zu einer Waise gemacht hatten, erwischte mich mit der Wucht einer unvorhergesehenen Fahrkartenkontrolle. Ich fiel vor dem Mägdelein auf die Knie und flehte um Vergebung. »Steh auf«, tröstete sie mich, »ich habe euch längst verziehen. Für mich gibt es keinen Hass, ich werde ohnehin bald sterben.«

Wie zum Beweis krümmte sich in diesem Moment ihr kleiner zerbrechlicher Körper unter einem schweren Hustenanfall. Blutiger Auswurf sprühte rote Einsprengsel in den Schnee. Ein hübsches Siebdruckmotiv im Grunde, doch die sieche Ästhetik konnte mich nicht täuschen. Da ich früher Medikamente ausgefahren hatte, wusste ich innerhalb von Sekunden Bescheid: Das Mädchen war sterbenskrank. Sie hatte die scheu galoppierende Schwundsucht, eine streptokokkeninduzierte Hyperinfektion mit 180-prozentiger Mortalitätsrate.

Mich erfasste der fromme Wunsch, dem Kind eine letzte Freude zu bereiten. Wenigstens noch ein einziges Mal sollte es sich warm und geborgen fühlen, sich noch einmal satt essen und am Ende seines viel zu kurzen Lebens so etwas Ähnliches wie Liebe erfahren. Ich beschwor es also, mit mir zu kommen, und überraschend bereitwillig folgte es dem Spießgesellen seiner Elternmörder nach Hause.

Wiederholt musste ich meinen Schritt verlangsamen. Auch bemerkte ich erst jetzt, dass sie ihr rechtes Bein verloren hatte. Die Wunde war noch frisch – daher also stammte die Blutspur. Sie sei vorhin von einem Spekulatius-Laster überfahren worden, erklärte sie. Alles deutete auf Absicht hin: Der Fahrer habe noch gelacht und obszöne Frechheiten aus dem Fenster gerufen, bevor er Gas gegeben und sie einfach liegen gelassen hatte.

Zum Arzt konnte das Mädchen nicht gehen: Man hätte entdeckt, dass ihre VWZ abgelaufen war, ihre Vorübergehende Widerwillige Zwischenduldung. Selbst im Advent entschieden auf hohen Amtsschimmeln thronende Zyniker über Leben und Tod. Damit sie mir nicht unterwegs wegstürbe, hob ich sie hoch und trug sie den Rest des Weges. Sie wagte nur schwach zu protestieren.

Oben in meiner Wohnung jauchzte die Ärmste auf, als sie meine intakte Zimmerdecke sah. Wie lange schon mochte ihr das Firmament als einziges Dach gedient haben und die eiskalten Sterne als Lampen? Ich besaß zwar selber nichts, doch das würde ich alles mit dem Kinde teilen. Strom, Heizung und Wasser waren abgestellt, die Fenster gepfändet. Gleichwohl war meine dunkle und kalte Bleibe für dieses Mädchen das prächtigste Schloss auf Erden.

Wie schämte ich mich nun für meinen Kleinmut, für mein prinzessinnenhaftes Zagen! Ich war doch immerhin gesund. Während ich oft aus nichtigem Anlass zehnstrophige Lamentos anstimmte, empfand das arme Wesen Glück über die geringsten Dinge. Ich riss einige Dielen heraus und schürte uns ein wärmendes Feuer. Wie verzaubert starrte das Mädchen in die Flammen, während ich mich daranmachte, ihr ein wärmendes Mahl zu bereiten. Aldi hatte ja – ich erwähnte es – schon zugehabt, deshalb kreierte ich eine karge Suppe aus Urin, Fahrradöl und ein wenig Laub. Ihr war alles recht. Sie sprach ein bei aller Inbrunst hastiges Dankgebet. Gerührt sah ich zu, wie sie mit leuchtenden Augen den Teller auslöffelte. Erst noch verhalten, dann immer schneller, voller Wonne und unterbrochen nur durch gelegentliches Abhusten blutigen Schleims.

Aus alten Zeitungen fertigte ich ihr einen Schuh und einen Verband für den Stumpf. Die Wunde roch brandig, ihre Stirn war fieberheiß, und dennoch lächelte sie froh. Für sie war wirklich Advent!

»Onkel?«, fragte sie mich schwach. »Wohnt dort oben der liebe Gott?«

Wie »dort oben«? Was meinte sie? »Gott« – wer sollte das sein? Früher hatte über mir mal so ein Typ gewohnt, der sich ständig mit alten Pizzaschachteln den Arsch abgewischt und damit dauernd das Fallrohr verstopft hatte. Furchtbar. Soweit ich wusste, stand die Wohnung inzwischen jahrelang leer. An den Namen des Penners konnte ich mich beim besten Willen nicht erinnern, doch jetzt war nicht die Zeit für kleinliche Diskussionen. Deshalb sagte ich: »Ja, Kindchen. Der wohnt da, der … äh … liebe Gott.«

Ich wiegte sie in den Armen und las ihr aus dem Verband die Schlagzeilen vor, bis sie für immer eingeschlafen war. Getröstet blickte ich ihrer Seele nach, die von allem Leid erlöst als Engel hinaus in den bleischwarzen Himmel flatterte, um sich dort mit den tanzenden Flocken zu vermählen.

Weihnachten in Doodaladoo

»Und wir wollen jetzt von Ihnen wissen, liebe Hörer: Wo feiert Tori Amos dieses Jahr das Weihnachtsfest? Rufen Sie an unter 0331/181 818.«

Die uninteressante Radioweihnachtsfrage wirft noch weit uninteressantere Folgefragen auf. Zum einen: Warum wollen die das wissen? Zum anderen: Weshalb fragen sie da ihre Hörer – ein Radiosender hat doch bestimmt ganz andere Recherchemöglichkeiten als seine Hörer, Internet und so. Und zum dritten: Wer ist überhaupt Tori Amos?

Ich wähle 110. Keiner geht ran. Dann fällt es mir selber ein – eine bekannte amerikanische Sängerin –, und ich mache mich an die Lösung der Aufgabe. Vielleicht kann man ja was gewinnen.

Ich nehme mal an, dass Tori Amos zu Hause Weihnachten feiert. Auf ihrer Ranch in Doodaladoo, die ungefähr die doppelte Fläche der Bundesrepublik Deutschland aufweist. Dort ist alles weiß: die Wiesen, die Felder und sogar die Wände. Tori Amos steht in einer Wahnsinnsküche. Sie trägt eine Designerküchenschürze von Giuseppe Gucchi und singt. Sie singt sehr laut und sehr schön, während sie Würstchen mit Kartoffelsalat zubereitet. Das gibt es bei ihr traditionell am Heiligen Abend. Da bevorzugt sie etwas Schlichtes, denn auch Tori Amos ist letztlich ein ganz normaler Mensch.

Was das Rezept allerdings doch ein wenig von den

Rezepten anderer normaler Menschen unterscheidet, ist, dass sie eine Menge verschiedener Drogen unter die Kartoffeln mischt. Bunte Drogen, lustige Drogen, Drogen, die das Herz auf- und das Hirn zugehen lassen. Da kann man dann ignorant und intolerant darüber richten als normaler Mensch, aber man kann es auch einfach mal akzeptieren. Das ist eben so in dieser Gesellschaftsgruppe.

Schließlich erwartet sie nachher Gäste, die allesamt Musiker sind, Schauspieler oder sonst wie künstlerisch beschäftigt. Die sind den Kartoffelsalat so gewohnt, anders können die sich den gar nicht vorstellen.

Das weiß Tori Amos, sie erkennt doch ihre Schweinchen am Gang. Sie möchte, dass sich ihr Weihnachtsbesuch wohl fühlt, und ihm nicht irgendein puritanisches Ritual aufzwingen, ohne es im Geringsten ironisch zu brechen.

Gerade ist sie fertig, da klingelt es auch schon. Schnell streift sie die Schürze ab – darunter trägt sie ein silbern glitzerndes enges Kleidchen aus Gold –, hastet zur Tür und öffnet. Dort stehen der Gitarrist Bonhurst Mac Zackk und der Schlagzeuger Steve Stevenson von der berühmten Rockband Sliming Faces. Gute Freunde. Auch der Bassist ist da, aber wir wissen nicht, wie er heißt. Wie jeder Bassist wird er nämlich nicht weiter beachtet. »Merry Xmas, fuck you, Tori Bory«, lacht Mac Zackk. Küsschen links, Küsschen rechts, Küsschen Mitte. »Fuck you, merry Xmas, Bory Tori«, lacht Stevenson. Küsschen Mitte, Küsschen rechts, Küsschen links. Alle lachen jetzt. Nur der Bassist steht da und macht einen erwartungsvollen Guppy-Mund, aber er kriegt dennoch kein Küsschen, denn er wird ja nicht beachtet. Endlich gehen sie rein ins Warme, denn in Doodaladoo ist es im Winter oberarschkalt, und die Tür schließt sich hinter ihnen. Dann müssen sie doch noch mal kurz öffnen, denn der Bassist klingelt natürlich so lange, bis auch er ins Haus darf.

»Who the fuck are you?« Es gibt ein großes Hallo, und alle lachen, nur der Bassist grinst gezwungen dazu.

Bald kommen noch ein paar Bus- und Flugzeugladungen mit Musikern, Malern, Modeschöpfern und dem Weihnachtsmann. Der weiß immer, wo die beste Party steigt. Küsschen, Küsschen, Küsschen und rin in die gute Stube. Dort steht der Weihnachtsbaum, geschmückt mit Marshmallows und Hamburgern. Darunter liegen hübsch verpackt Geschenke: Drogen, Sonnenbrillen und schwarzbemalte Holzeisenbahnen. Doch zuerst wird gegessen und getrunken. Whiskey, Würstchen und Kartoffelsalat.

Die Stimmung steigt. Eine Schauspielgruppe führt ein Krippenspiel auf. Es gibt einen dezent angedeuteten Dreier mit Maria, Joseph und dem Heiligen Geist sowie als Showdown eine zünftige Schießerei zwischen Ochs, Esel und den Heiligen Drei Königen. Bruce Willis bekommt dabei den größten Beifall.

Später wird es richtig gemütlich. Der Baum brennt lichterloh. In Gruppen sitzen die Gäste beisammen, unterhalten sich leise, kneten kleine Figuren aus Wachs, sagen unter der Regie von Lou Reed Weihnachtsgedichte auf oder ficken ein bisschen. Dazwischen eilt Tori Amos geschäftig hin und her und füllt die Schälchen mit Erdnusslocken auf, denn der Drogensalat ist längst weg. Sie ist eine gute und aufmerksame Gastgeberin. Zur Bescherung singen alle »Jingle Bells«. Der Bassist brummt unauffällig mit. Alles ist wunderschön.

So genau habe sie das alles gar nicht wissen wollen, sagt am anderen Ende der Leitung die Frau, die im Sender die Anrufe entgegennimmt: Im Übrigen sei die Antwort falsch.

Weihnachten im Saarland

Zur Weihnachtszeit liegt der ganze »Dreck«, wie Luxemburger und Lothringer das Saarland in seltener Eintracht nennen, unter einer weißen Decke aus vollgeschnieften Taschentüchern begraben. Darüber bläst der legendäre »Püstewind« ohne Unterlass bunte Graupel aus Nieselschnee, Blut und Pisse, den Fallout aus den französischen Atomschlachtereien jenseits der Grenze, an die sich nach 55 Jahren noch immer keiner gewöhnt hat.

Es ist die stille Zeit. »Halt Fress«, begrüßen sich nunmehr die Saarländer, anstelle des üblichen langgezogenen »Joaah verreeeck, Aooorschloooch!« Die Periode relativer Besinnlichkeit beginnt mit dem ersten Dienstag im Dezember, dem »ersten Event«. Selbst in den Straßen Saarpimpels oder St. Hicks sinkt der Lärmpegel des Dummschisses vorübergehend in den dreistelligen Dezibelbereich. Der Saarfunk bittet rund um die Uhr kreischend um Mäßigung, daneben bläst alle fünf Minuten das Jerichon, eine Art überdimensionales Nebelhorn, vom Hohen Tattergreis herunter, um zur Stille zu mahnen.

Niedliche Knebelchen aus Maulwurfsdarm oder eingeweichtem Wespenwachs werden auf den Weihnachtsmärkten angeboten; die »Arschlöcher«, wie Pfälzer und Elsässer unsere herzlich unsympathischen Notfranzosen übereinstimmend bezeichnen, delektieren sich an heißem Brennspiritus, Salzwatte, verbrannten Mandeln und dem berühmten, in kaltem Getriebeöl gebackenen »Schimmelkeks«. Die Märkte gruppieren sich stets um die örtliche Waschstraße herum, um an den Anlass des Festes zu erinnern – ich zitiere aus dem »Buch der doppelten Erkenntnis«: »Und es begab sich vor der Zeit des Butzbacher Blutsturzes, da Gisela, die Frau des Nationalheiligen Frère Schacke, niederkommen sollte. Für die beiden war nirgends ein Platz zu finden in ganz Saarschleck, außer in einer Waschstraße. Dort gebaren sie in tiefer Nacht ihren Sohn Kevin, wickelten ihn in Alufolie und betteten ihn auf ein Stück Schrott.«

So weit die Heilige Schrift. Auf dem ganzen Gebiet dieses fünften Rads am Froschmäher Frankreichs finden in der Vorweihnachtszeit entsprechende Krippenspiele statt. Das klassische Bühnenbild besteht aus einer in Neonlicht getauchten Waschstraße. Zwei Schauspieler stellen Frère Schacke und Gisela dar; Komparsen, meist Kinder, verkleiden sich als Ratte, Assel und Silberfisch; dazu kommen die eiligen drei Autofahrer, die an die Tür der Waschstraße bollern und reichlich Geschenke mitbringen – Baseballschläger, Weihrauchbombe und saftige Ohrfeigen.

Kurz nach dem vierten Event ist es dann so weit: Das Jerichon tutet ohne Pause den Weihnachtsabend herbei. Jede Hütt an Saar, Pissbach und Rapunzel ist festlich geschmückt mit Alufolie und Schrottteilen. In den Wohnzimmern stehen vertrocknete Yucca-Palmen, von denen zahllose leuchtende Neonröhren herabhängen. Die Kinder sind schon ganz aufgeregt. Wenn pünktlich um 17 Uhr das Weihnachtstelefon klingelt, werden sie in einer feierlichen Zeremonie in den Keller geführt. Dort bleiben sie bis zum nächsten Morgen, damit die Erwachsenen endlich einmal in Ruhe feiern können. Ihr Weinen, »dat Jeheule«, hallt noch lange durch die Stille, während die Eltern und ihre Gäste oben eine ausgiebige Runde Wurstpeter spielen. Dazu reicht man gewöhnlich ein schlichtes Mahl, Maulwurfsgulasch mit »Spanplatten«, einer Art Rösti aus Sägespänen, und trinkt halbgaren Blubberschweppes. Traditionell beschließt den Weihnachtsabend das gemeinsame Betrachten von Snuff-Movies. Da hätten die Kinder ohnehin nur gestört.

Ersehnte Gaben lieber Menschen

Weihnachten, das Fest der Liebe. Scheiße ja, das ist mir schon klar, aber muss Liebe denn immer gleich dermaßen in Stress ausarten? Im klassischen Fall Telefonterror, Hirnerweichung, Schwangerschaft – und hier eben: Schenkst du mir, schenk ich dir, Scheiße in Geschenkpapier. Woraus sich nun mal gegenseitige Verpflichtungen ergeben.

Dementsprechend hatte ich inständig gehofft, dass mir meine Schwester in diesem Jahr nichts schicken würde. Denn dann muss ich das umgekehrt auch nicht. Das gute alte Weihnachtsmikado: Schön warten, ob was kommt, und wer zuerst was schickt, hat verloren. Nur leider kennt das Weihnachtsmikado ausschließlich Verlierer: Denn am Ende muss der Empfänger selber eilig irgendeinen Kram zurückschenken. Das ist dann sogar der doppelte Stress, weil man weniger Zeit hat zu reagieren.

Vor drei Tagen kommt jedenfalls das Scheißpaket an. Absender: Schwester, diese sentimentale Paranuss.

Ich so: »O Mann, was für eine Scheiße«, und hocke erst mal wie paralysiert eine halbe Stunde im Flur auf dem Boden und starre vor mich hin, der personifizierte Tod in kleinen Scheiben. Dem Briefträger gegenüber habe ich immerhin noch einigermaßen den Schein gewahrt und sogar gegrinst, also wahrscheinlich ziemlich verzerrt gegrinst, eher so wie eine junge

Mutter, die feststellt, dass sie im Meskalinrausch versehentlich ihr Neugeborenes ausgeweidet hat. Dazu noch mechanisch »Danke« gebellt, und »Mein lieber gelber Freund« oder so, und anschließend die Tür zugeknallt.

Doch jetzt kommen die Tränen. Onkel-Dagobert-mäßig sprühen, springen und sprenkeln sie nach allen Seiten. Die Niagarafälle sind ein prostatageschädigter Mann um vier Uhr morgens dagegen.

Nach ein paar Stunden habe ich mich endlich so weit gefangen, dass ich das Paket etwas genauer in Augenschein nehmen kann. Aufmachen gilt nicht – ist ja noch nicht Weihnachten. Wer Weihnachtsgeschenke vor der Zeit öffnet, tötet auch Ameisen einzeln mit dem Brennglas und lacht sich bei dem Anblick kaputt, wenn die so grotesk in sich zusammenschmurgeln. Aber durch Schütteln und Ertasten kriege ich ohnehin ganz schnell heraus, dass es sich um ein gottverdammtes Scheißbuch handelt. Ein richtig fetter Hardcoverschinken. Unmöglich für mich zu ignorieren. Bestimmt auch unmöglich zu lesen. Zu viele Buchstaben, zu wenige Bilder, kurz: Literatur.

Nun rettet mich nur noch meine Geheimwaffe: Ich backe Plätzchen. Das geht schnell, das ist billig und das wird vor allem allen eine Lehre sein und meine Chancen erhöhen, im nächsten Jahr unbeschenkt zu bleiben. Für den Teig klatsche ich mal einfach jeden Dreck zusammen, der sich so in Küche, Keller und Werkzeugkasten findet: Mehl, Terpentin, Tapetenkleister landen in einem schmutzigen Eimer, wo ich alles mit einer alten Klobürste umrühre. Auch die Frage »Zucker oder Salz« entscheidet an meiner

233

Stelle Hilfskoch Zufall. Ich bin doch nicht Jamie Oliver.

Und das muss ich auch nicht sein. Denn allein die Tatsache, dass ich mich an so einem kätzchenhaften Gewerbe wie dem Plätzchenbacken versuche, um anderen, wie andere in ihrer Einfalt denken, »eine Freude zu machen«, lässt die Herzen der so wundersam Beschenkten schon aus Prinzip vor Rührung erweichen: »Nur für uns springt dieser überaus raue, böse und ungeschickte Mann über seinen Schatten und schenkt uns seine weiche Seite in Plätzchenform. Wie lieb. Wie putzig. Wie fromm!«

Weiche Seite gegen weiche Birne, sage ich mal – ein fairer Deal: Denn natürlich sieht mir meine Schwester gern die völlig verkohlten Sondermüllbröckchen nach, die sie per Nachporto um den Dreikönigstag herum in einer nur unzureichend ausgewaschenen Raviolidose erreichen. Schließlich geht es in erster Linie um den guten Willen. Ich kann also machen, was ich will: Ich bekomme wohl auch nächstes Jahr mein Buch. Daraufhin gibt es wieder Plätzchen. Ein Teufelskreis.

Die Ruhe nach dem Sturm:
Eine Geburtstagsgeschichte. Für mich

Aus gegebenem Anlass erfolgt nun ein kleiner Rückblick auf mein reich erfülltes Leben: reich erfüllt von Gram, Misserfolgen, Irrtümern, Unzulänglichkeiten, Peinlichkeiten, Demütigungen sowie endlos quälenden Stunden voller Einsamkeit und Verzweiflung.

Natürlich war vieles auch sehr schön: die kurzen Momente, in denen jeweils der Alkohol zu wirken begann und die Gefühle von Gram, Misserfolg, Irrtum, Unzulänglichkeit, Peinlichkeit, Demütigung, Einsamkeit und Verzweiflung endlich einer erlösenden Gleichgültigkeit wichen, bevor ich dann in einen unruhigen Schlaf voll grässlicher, von wehenartigen Darmkoliken begleiteter Alpträume fiel; ebendiese kurzen Momente waren stets wunderbar, zumindest relativ gesehen.

Als lächerliches Produkt einer Fehlbefruchtung in einem kotverschmutzten Reagenzglas erblickte ich am Sankt Nimmerleinstag des Jahres Potzhundertdreizehn um fünf vor zwölf in einem Stall nahe Toronto ob der Tauber in Auswurfweite zur Zonengrenze das Dunkel der Welt.

Man markierte mich mit einem Mikrochip, wickelte mich in Windeln und schickte mich auf eine Lateinschule. Alle lachten mich aus, weil ich immer nur Windeln und Gummistiefel trug, dazu eine lächerlich anmutende Hornochsenbrille. Die anderen hatten alle coole Cowboystiefel an, die so spitz waren, dass man die äußeren Zehen jeweils links und rechts bis hin zum Mittelzeh amputieren musste. »Ruckediku, Ruckediki, Ruckediko, Ruckedikum, Ruckedike, Ruckediko ...«: So ging es in der Lateinschule die ganze Zeit. Nur ich selber blieb außen vor.

Auch später war ich nicht gerade vom Glück verfolgt. Viel mehr rannte das Glück stets vor mir her, und alle Versuche, das feige Bürschchen mit dem Lasso einzufangen oder es aus dem fahrenden Auto heraus mit einer Maschinenpistole zu erledigen, waren nicht von Erfolg gekrönt.

Nur ein Beispiel unter Millionen: Ich baute gerade meinen Ehrendoktor in Sodomie an der Otto-Hähnchen-Akademie zu Köln-Tinnef, als der Kaiser den Notstand ausrief. Und – zack! – war schon wieder alles kaputt, was ich mir eben mühsam aufgebaut hatte: Der Ehrendoktor galt nicht mehr, mein Geld wurde entwertet, mein Haus gesprengt und meine hübsche junge Ehefrau Cassandra vom Kaiser persönlich eingezogen – der Notstand, wie gesagt.

Einmal mehr stand ich vor dem Nichts und konnte komplett wieder von vorne anfangen. Nach langem Zögern nahm ich schließlich eine Missionarsstellung in der Steiermark an. Der Hintergedanke: Ich wollte endlich einmal die Welt kennenlernen. Die Welt, wie sie wirklich war. Doch wie war die Welt wirklich?

Die Welt war wirklich schlecht – das sollte ich im Nu merken: Menschen, die nicht grüßten; Tiere, die einen anbellten; Steine, die achtlos herumlagen; dazu ein Mond, der derart grell und höhnisch schien, als wolle er einem bei lebendigem Leibe die Eingeweide durch die Augenhöhlen ins Freie ziehen, um sie dort zu verbrennen. Auf so eine Welt hätte ich gerne verzichten können.

Und das tat ich dann auch. Ich zog mich mehr und mehr von ihr zurück. Ich atmete nur noch die Luft, die andere bereits ausgeatmet hatten, trank das Wasser, das bereits abgeschlagen war, und kleidete mich in alte Umsonstzeitungen. Beim Bäcker wählte ich stets nur noch Altenteilchen vom Vortag. Ich wollte nichts nehmen, was vielleicht irgendein anderer Mensch noch hätte gebrauchen können. Auf diese Weise wurde ich erst blass, dann braun und schließlich grau.

Wie alt und grau ich in der Zwischenzeit geworden bin, soll folgende kleine Anekdote, erlebt am Tag vor meinem letzten Geburtstag, zeigen: Direkt neben mir auf der Liegewiese am Badesee zogen drei (mit irgendwas zwischen 15 und 25 Jahren zugegebenermaßen sehr junge) Frauen in einer Mischung aus glucksender Belustigung, neugierigem Ekel und vollkommenem Unverständnis über eine gemeinsame Freundin her: Deren Lover sei nämlich – Achtung, jetzt kommt's! –, »das geht ja gar nicht« (Achtung, jetzt kommt's wirklich:) »echt schon dreißig oder so«. Gruselndes Gegluckse.

Man dürfe aber, so die psychologisch Gewiefteste der drei, sich im Umgang mit der Leichenschänderin möglichst wenig anmerken lassen, da diese sich ihnen gegenüber sonst nur noch mehr verschlösse. Was wiederum die Gefahr beinhalten würde, dass ihnen weitere nekro-geriatrische Details aus dem Sargkästchen der Freak-Erotik in Zukunft vorenthalten blieben.

Das alles diskutierten sie laut, munter und, fast schon auf meinem großväterlichen Schoße sitzend, ohne jede Scheu vor mir aus, so dass ich mir meiner Position jenseits von Gut und Böse auf einmal sehr bewusst wurde. Die neue und schöne Erkenntnis für mich war dabei, dass ich nicht im Geringsten verwundert, geschweige denn beleidigt war.

Endlich deckten sich Außen- und Innensicht aufs harmonischste. Aller hysterischer Gramdemütigungsfickscheißschwachsinn war plötzlich unendlicher Gelassenheit gewichen. Ich lachte und weinte, schrie, klingelte und kotzte zugleich vor Glück und Erleichterung. Kaum zu glauben, dass es für mich mal Zeiten gegeben haben soll, in denen Trieb und Stolz noch andere Prioritäten kannten als den Trieb, mich am Mittagstisch nicht unkontrolliert einzukoten, und den Stolz, das schließlich auch geschafft zu haben.

Und so sitze ich nun zufrieden in meinem Schaukelstuhl und sehe den Käferchen im Grase beim Herumtollen zu. »Ach, die kleinen Kerle haben es auch nicht leicht«, denke ich, und: »Was gibt es eigentlich nachher zum Essen?« Einige der Käfer klettern auf mich drauf, nehmen kleine Stücke von mir in den Mund und tragen sie schließlich weg. Gerührt blicke ich ihnen hinterher. Speichel fließt langsam aus meinen Mundwinkeln. Ich bemerke es nicht.

Jetzt reinklicken!